景観からよむ日本の歴史

金田章裕
Akihiro Kinda

Eurus
Notus
Boreas
Zephyrus

岩波新書
1838

はじめに

景観の歴史を読み解くための見方や考え方、またその意義について述べてみたい、というのが本書の目的である。いわば景観史へのいざない、と言ってもよい。対象が、主として日本各地の景観やそれにかかわる資料であるので、景観からよむ日本の歴史、と題した。

「景観史」という表現は、おそらく多くの方にとって聞き慣れないであろう。景観といえば、私たちが日ごろ目にする事象と深くかかわる。ただし景観は、日常的に接する卑近な対象ではあるが、全体として一気にできあがったものではない、ということがもっとも基本的で、また大きな特徴である。景観は、さまざまな時期に、さまざまな経緯によってつくられた、さまざまな要素から成っているのである。

各地を旅行で訪れる場合、おいしい食べものを味わうことや、祭りなどの伝統的な行事を見物することが、大きな楽しみとなるのはもちろんであろう。しかしそれだけではなく、慣れ親しんだものとは異なる景観に接することもまた、楽しみの一つである。このように旅先の景観を楽しみ、それを理解するためにも、本書が述べる景観史へのまなざしが重要な役割を果たすと思われる。

筆者は大学生時代から、京都を生活の拠点としてきた。京都は、都市としての成立が八世紀末の平安京に遡ることは言うまでもなく、その後も一貫して大都市であり続けたものの、実は大きく変化してきたこともよく知られている。その京都を多くの観光客が訪ね、「古都の景観」を楽しんでいる。

京都の景観を構成するのは、平安京に由来する碁盤目状の街路や、古代・中世以来の由緒ある多くの社寺だけではない。明治・大正以来の瓦葺の伝統的な「京町家」、さらには伝統的な工芸品や最新の商品を扱う多くの商店、伝統的な料亭や料理屋、外国料理のレストラン、さらに新しいマンションやオフィスなど、極めてさまざまな要素からなっている。

京都が「古都京都の文化財」として、ユネスコの世界文化遺産に登録されていることもまた繰り返すまでもないであろうが、登録されている資産を眺めてみても、その多様性は歴然としている。

全部で一七か所であるが、そのうちの一四か所が京都市域内にある。市域内といっても、高山寺のように市街からかなり離れた山中のものも含まれるが、所在する場所だけではなく、成立した時代もさまざまである。上賀茂・下賀茂神社（賀茂別雷《かもわけいかずち》・賀茂御祖神社《みおやじんじゃ》）、東寺（教王護国《きょうおうごこく》寺《じ》）、清水寺、醍醐寺、仁和寺《にんなじ》などのように平安時代以来の寺社もあるが、詳細に見れば成立時期にはそれぞれ違いがある。高山寺《こうざんじ》は鎌倉時代に、西芳寺《さいほうじ》、天龍寺、金閣（鹿苑寺《ろくおんじ》）、銀閣（慈照寺《じしょうじ》）、龍安寺などは室町時代に、本願寺や二条城は近世初頭に建設されたものである。しかもこれらのほとんどが、建設当初そのままのものではない。とりわけ中世以前の建築物には、火災・戦災などに遭って焼亡してしまい、その後に再建されたものが多い。

さらに例えば、京町家と総称されている伝統的民家の場合、基本的に数十年単位の歴史を経て今日に至っているのであり、京町家の建物そのものが一〇〇年を超えることは稀である。加えてもちろん、現代の大都市としての京都には、高さは規制されているが近代的ビルも多い。「古都」京都の景観は、これらの複雑な集合体である。

筆者が通っていた時の京都大学の建物もまた多様であった。ある建物は旧制大学時代から存在し、またあるものは筆者が大学生・大学院生の時期に建設され、のちに教員として勤務していた時期に新設されたものもあった。さらに退職して名誉教授となった後、つい数年前に新築されたものもある。京都大学の施設群を景観という観点から見ても、多様な起源の多様な要素で構成されていることになる。京都市街の建物も同様であり、同じ状況は、どこの町でも、どこの村でも見られる。さらには個人の家々においても、その敷地や建物がこれらの町や村と類似の経過をたどり、多くの場合、新築あるいは増改築を経ていることは当然であろう。

景観を構成する要素――「景観要素」と呼ぼう――の状況、つまり、ある施設はなぜここに、こういう形で存在するのかといった事情や、それぞれの施設が成立した時期などは、すでに述べたように極めて多様である。さらに個々の施設の位置や形状についても、敷地の位置や面積の制約であるとか、成立時の用途に由来する施設の系譜であるとか、さらには建設時の技術段階や資金の問題であるとか、それらが成立し、変化した理由や時期もまた極めてさまざまである。景観は、このようなさまざまな経緯からなる、多様な要素からできあがっているのである。

しかも新たに建物をつくる場合、その用途や、建設者の意図および嗜好性などが反映されることは当然であろう。同じように、かつて存在した建築物の復原をする場合も、それを復原する意図と、その資金やエネルギーは、復原をしようという主体の思想や意識に大きく関わる。

景観史という見方でこれらを眺め、景観史という考え方を基礎として探究を進めると、見慣れた景観の別の側面が見えてくるはずである。それが景観の歴史であり、景観の本質的な構造の一面でもある。さらにはそれが、人々による景観のとらえ方や、景観に対する人々の意識に影響を及ぼしてもいる。人々を取り巻く景観は、一方で、景観をつくったり維持したりする人々や、景観を変えたり、復原したりする人々における、認識と意図に基づく行動の結果でもある。

本書が景観史へのいざないとなり、また我々自身が景観史のなかに生きていることを実感していただく一助となれば、著者としては幸いこの上ない。

目　次

はじめに

第一章　景観史へのいざない……1

第二章　古地図からよみとく景観史……25

1　古地図とは何か　26

2　古代の地図――土地を管理する　32

3　中世の地図――境界を認識する　44

4　近世の地図――町と村を描く　56

5　近代初期の地籍図――さまざまに土地を利用する　66

第三章　景観史の画期を演じた人々とその舞台……77
1　古代の開拓者たち　78
2　中世・近世初頭の都市を構想した人物　88
3　近世の町づくり村づくりの推進者　98
4　近代の入植や技術を推進した人々　107

第四章　景観からよみとく地域のなりたち……119
1　暮らし　120
2　いとなみ　140
3　町並みと賑わい　161

第五章　景観史の資料と考え方……175
1　景観史の視点――村落景観から考える　176
2　絵画資料と景観史　186
あとがき　195
参考文献　201
図版出典一覧

第一章　景観史へのいざない

景観と風景

景観とは風景のことである、と思っている方が多いかもしれない。たしかに実際にも、同じ対象を景観としてとらえることも、風景として眺めることもできる。また手元の辞書を引いても、双方に同じような意味が記されている。

例えば、「はじめに」で言及した京町家の町並みや、国の重要伝統的建造物群保存地区となっている京都府南丹《なんたん》市美山《みやま》のかやぶき民家群は、ひとまとまりの伝統的な景観でもあり、見る人によっては、かつてのなつかしい風景でもあろう。その意味で、景観と風景の言葉が指す対象自体は同じだと言ってもよいかもしれない。

しかしそれぞれの言葉の由来はまったく異なる。もともと景観の語は、ドイツ語の「ラントシャフト(Landschaft)」の訳語として使われ始めたのに対し、風景は、日本語として古くから使われてきた言葉である。

風景の語は、八世紀の漢詩集『懐風藻《かいふうそう》』収録の大津連首《おおつのむらじおびと》の五言律詩に、「風景麗春墀(風景春墀《しゅんち》うるはし)」(石庭の春の景色は麗らかである。江口孝夫訳)とすでに季節を含んだ情景の意で用いられているが、松尾芭蕉『奥の細道』の須賀川《すかがわ》(現・福島県須賀川市)の段に、さらに典型的な使用例がある。

滞在した須賀川の駅長に、白河の関を越えた折にどんな句をお詠みになったのかと聞かれて、芭蕉は「風景に魂うばゝれ、懐旧に腸《はらわた》を断《たち》て、はかばかしう思ひめぐらさず」(萩原恭男校注)と答えたことを記している。つまり、風景に魂を奪われてしまって、句も浮かばなかったというのである。風景に魅せられ、さまざまな知識や情景を連想したことが記されているが、対象そのものについて何も記されていないのである。

このように、風景の語は個人的な印象などを通した意味合いで使用されることが多いのに注目しておきたい。この語は、心象風景あるいは原風景といった、個人的な認識を強く反映した意味を伴って使用されるのが普通である。このようなとらえ方でいえば、京町家群や美山のかやぶき民家群をなつかしい風景、あるいは不便でありながらも楽しかった、かつての体験とともに親しんだ風景として眺める人もあるかもしれない。風景とは、多くの人々に共有される印象か否かを別にして、個人的・感覚的なとらえ方であると言えよう。

一方で景観の語は通常、対象を客体として表現する際に使われる。先に述べた京町家群や美山のかやぶき民家群を景観としてとらえ、それを説明したり、分析したりすることが可能であることにも注目したい。言い換えると、景観とは、それ自体を客観的にとらえるか、少なくとも多くの人々によって共通の認識対象になりうるようなとらえ方である。

別の側面から見ると景観の語は、「自然景観」「文化景観」など、景観の分類用語としても使用され、さらに「文化的景観」という文化財のカテゴリーとしても使用される。自然景観と文化景観については本章で後述するが、文化的景観については最後にふれることにしたい。

景観は、何らかのまとまりをもっている場合が多いことから、それを「地域」とほぼ同義で理解する研究者もあった。たしかに、もともとのドイツ語のラントシャフトが、地域ないし地域の政治的組織体を意味することがあった。K・オーウィグ氏によれば、かつてユトランド半島の付け根付近のドイツ北部では、外国からの侵攻に対して室町時代や戦国時代の一揆のように住民が抵抗した。このような政治的・社会的な地域のまとまりをラントシャフトと呼んだのである。現在でもドイツでは、連邦国家を構成する州や地方の、一部の行政管区などがラントシャフトと呼ばれている。

しかし現在の日本では、景観の語は本来のドイツ語の意味内容よりも、英語の「ランドスケープ(landscape)」の意味するところを強く意識して使用されている。つまり、目に見える地表の事物の集合体(意味のある集合体、あるいはまとまりのある集合体)を表現しているのである。ドイツ語のラントシャフトの意味は、英語ではランドスケープと、地方ないし国や故郷を意味するカントリー(country)とに分離しているとみるオーウィグ説に従うべきであろう。「はじめに」において京都の景観の構成について述べたが、そのとらえ方がすでにこのランドスケープの意味によっている。本書においては基本的にこの立場に立って、視覚的要素をまずとらえて、景観の歴史を考えていきたい。

景観は人がつくった

京都の景観に関連して先に言及した要素は、街路、敷地、京町家、社寺、商家、料亭、料理屋、レストラン、マンション、オフィス、大学の施設などであり、それらのあり方は、新旧、大小、用途、形状など、全くさまざまである。

ただし街路敷と多様な施設の敷地を除けば、すべて建築物である。建築物は、人や組織が企画して設計し、大工などの職人や施工業者である企業によって建設され、あるいはのちに改築ないし修理されたものであり、敷地はその基盤である。街路は、高架部分や橋梁などを除けば、建築物とは異なって平面であるが、道幅や車道・歩道の状況、表面の舗装材やその状況など、やはり現状に至る経緯が単純ではない。しかしいずれにしても、いずれかの段階で、あるいは

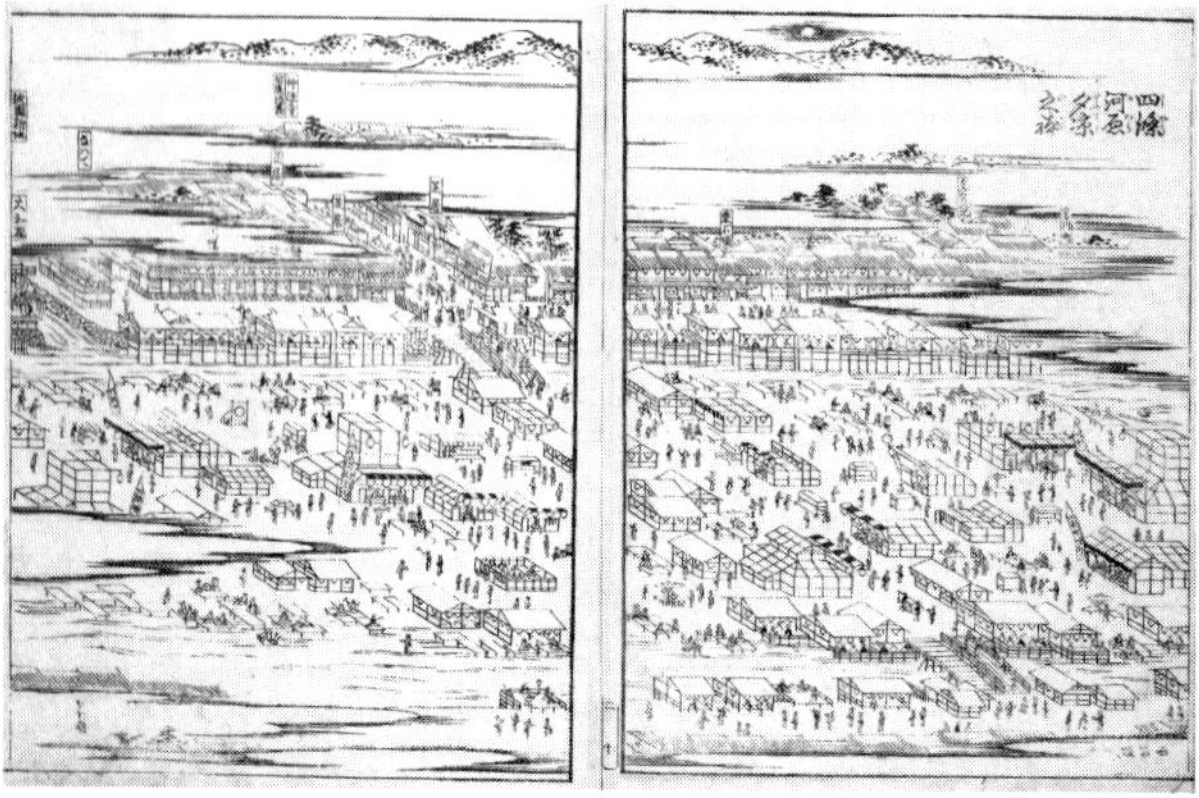

図1-1　「四条河原」（『都名所図会』より）

代を重ねて人々がつくり、また修築したものであることは間違いない。

京都市街の景観を構成する要素は、例に挙げたこれらのほかにも数多い。極めて多くの歴史的な庭園や、寺社の敷地内や門前などの空間、京都御苑や円山公園・府立植物園といった公園・緑地など、挙げようにもきりがないほどである。ほかにも、鴨川をはじめ市街を流下する大小の川や池などがある。

鴨川の河川敷は、中世に世情批判の落書が掲げられて、広場的な役割を果たしたことで知られる「二条河原」や、人々が納涼や芝居に集う「四条河原」（図1-1）として、場所や性格が特定されたこともあり、景観要素としても大きな存在である。人々が集うこれらの空間もまた、時代と経緯はさまざまであるが、やはり人がつくったものである。

ただし、川は自然の景観ではないかと思われる方があるかもしれないので、若干の説明を必要とするであろう。具体的に鴨川の河川敷を取り上げてみよう。河川敷は大きく分けて、①堤防、②堤外地（堤防に囲まれた河道側＝河川敷）の高水敷《こうすいしき》（増水時に冠水することを想定した部分）、および③堤外地の実際に水の流れる河床、から構成されている。高水敷とは**図1-2**のような部分であり、堤外地でありながら通常は冠水しない部分である。この用語からすれば堤内地とは、堤防によって洪水から保護された、人間の生活や活動の場ということになる。

図1-2 四条大橋から見た鴨川の高水敷

鴨川そのものは、平安京の時代から都市の一部として存在していた。一〇世紀初頭に成立した『日本三代実録《にほんさんだいじつろく》』によれば、九世紀には「防鴨河使《ぼうかし》」という役所が設置されて、築堤や堤防の巡察などを担当したことも知られている。筋違い堤（霞堤《かすみてい》）と違い、連続的に築堤（連続堤）して洪水を防いだ大河川としては、おそらく鴨川が日本最初であったと思われる。

しかしその河床は、現状とはずいぶん異なっていた。地形条件から見ると、もともと水流は、河床の部分を蛇行しながら流下していたと考えられる。増水時でなければ、河床の水流以外の河原部分もずいぶん広かったとみられ、先に紹介した二条河原や四条河原はこのような部分であった。高水敷はこれより高く、よほどの増水時でなければ冠水することはなかった。

現在の鴨川河道のように、所々に落差が設けられて、落差と落差の間では河床全体に水流が浅く広がって静かに流れているという構造は、昭和一〇年(一九三五)の大洪水の後の改修工事によるものである。河床に形成される中洲などは、そこに生息する自然生物に配慮しつつ、必要に応じて、計画的に除去作業が行われてきた。

また、堤防上の桜・柳や欅《けやき》などの樹木は、時々に植えられて手入れされてきたものであり、高水敷の芝や通路および護岸などもまた人がつくったものである。堤防の多くは道路として整備され、高水敷の部分もまた整備されて、今や都市公園の一部でもある。

つまり、川そのものはもともと自然のものであるが、鴨川にとどまらず多くの河川が、人による工事や工作が加えられて、人がつくった景観要素となっているのである。

自然景観と文化景観

ここで景観の分類について、もう少し踏み込んで考えてみたい。人がつくった景観とは、大きく「文化景観」と一括して表現することができる。建築物や庭園などはもちろん、先に述べたように自然の河川もまた、人工が加えられることによって文化景観となる。

これに対して人工が加えられていない、本来の自然のままの川があれば、当然のことながらそれは、「自然景観」ないしその構成要素となる。

筆者はかつて、オーストラリア北端のアーネムランドを訪ねたことがある。小さな観光船によるサウスアリゲーター川のクルージングで眺める両岸の森や、岸近くでワニが獲物をくわえている様相は、筆者のような観光客に、これこそが人の手の入っていない自然だと感じさせるものであった。実際に、アーネムランドの河川の多くは全く人工が加えられておらず、まさしく自然のままであった。これが自然景観である。

しかし、ランドクルーザーによって研究者仲間とともに走りまわったアーネムランドの熱帯林は、これとは様相がやや異なっていた。ユーカリプス(日本ではユーカリと通称されている)の疎林の中では、ほとんどの樹木の下部が黒く焦げており、いわゆるブッシュファイアの痕跡であることは、筆者にもすぐ理解ができた。一種の山火事である。

ところがブッシュファイアは、実際にはかならずしも自然発火によるものではなく、この地域に暮らすアボリジニと呼ばれる先住民による、意図的な火入れによるものが多いのである。

それによって下草が燃やされ、見通しのよい、薪を拾いやすい疎林をつくりだしているのだという。

実は、この状況を筆者が理解するまでには、何人もの研究者やアボリジニにいろいろな質問を繰り返すなど、相当の時間を要した。火入れをされた痕跡を残すこのような疎林は、人の手が加えられたということからすれば、文化景観の原初形態とみなしうる可能性がある。文化景観と自然景観を見分けることのむずかしさを、初めて強く意識したのがこのアーネムランドであり、ブッシュファイアによってできた疎林の景観であった。

ところが日本では、驚いたことに八世紀の基本的な法律である「大宝律令《たいほうりつりょう》」において、このような違いを制度的に明示している。慶雲三年（七〇六）格《きゃく》（律令の施行細則）に「樹を栽《う》え、林となす」と規定しているように、樹木（特に栗など）を植えたり、手を加えたりしたところを林といった。自然景観の「森」と、文化景観の「林」を、表現の上でも識別していたのである。

現代の景観でいえば、京都市北部の山地に広がる北山杉のように、植林され手入れされた杉林が、また筍栽培のために手入れされた向日《むこう》丘陵（向日市・長岡京市）の竹林などが文化景観であり、植林や手入れがなされていない照葉樹林の森や、竹林が放置されて密生地となった様相などが自然景観ということになる。

さらに、耕地についても重要な区別があった。八世紀以来の律令では、「田」とは「五穀」(主要な穀物、もともとは稲・麦・豆・黍・稗)を植える地と規定されており(『令集解《りょうのしゅうげ》』田令《でんりょう》)、水田のみならず、麦畑をはじめ穀物等を栽培する耕地全般を指したと考えるほうが実態に近い。水田だけでなく麦畑や豆畑などをも含んでいたのである。

このように規定された田であるが、さらに、三年以上耕作されなければ「荒《こう》(常荒《じょうこう》)」となると規定されていた。実際に田を三年以上も放置すれば、草のみならず灌木まで繁茂して、通常は荒地と区別することが困難となることは、例えば山間の小さな谷で耕作放棄された水田の状況からも知られるところである。さらに詳しく、ある年に耕作されなかった田を「年荒《ねんこう》」とする分類もあり、この年荒の場合は、基本的に田に含められていた。

景観からすれば、常荒はほとんど自然景観に戻ってしまった、かつて文化景観であった土地となる。これに対して年荒の田は文化景観に含まれる。ある年に労働力が不足したとか、用水が十分でなかったとか、何らかの理由で耕作されていない田であるということになろう。

このように見ていくと、日本では人工が加えられた景観が多く、また長い時代にわたって人々の生活の舞台であり続けたこともあって、本来の意味での自然景観は極めて少ない。しばしば「自然が多い」とか「自然が豊かだ」と言われる田園地帯の「自然」にしても、景観という視点から見れば、ほとんどが文化景観、つまり人がつくった景観であることになる。例えば「里山」と呼ばれる、下草や柴を刈って手入れをした集落に近い山林や、「焼畑」のように伐採をして火入れをし作物栽培をする景観もまた、文化景観に含まれる。

景観は変化する

自然景観に長い歴史のなかで手が加えられ、文化景観となることが、まずもっとも大きな、また初期の景観の変化である。ただし景観には、人がつくった文化景観が多いとはいえ、それらは一挙に形成されたものではない。文化景観を構成する要素は極めて多様であり、建築物であれ道路であれ、あるいは耕地であれ林であれ、いずれもさまざまな経過をたどって今日に至っている。

例えば、延暦一三年(七九四)、桓武天皇のもとで建設された平安京は、山城盆地の北部における農村の景観を都市の景観へと、全体として大きく変貌させることとなった。碁盤目状の街路パターンを持った、東西約四・五キロメートル、南北約五・二キロメートルの方格の街区からなる都市計画は、古代を代表する都市景観の枠組みであった。

平安京の中央北部には、平安宮(大内裏《だいだいり》)が建設された。現在の京都の道路名でいえば、東は大宮通、西は御前《おんまえ》通付近、北は一条通、南は二条通に囲まれた範囲である。そこには天皇の住居である内裏のほか、朝堂院《ちょうどういん》や豊楽院《ぶらくいん》といった、律令国家の政治のための施設群が建設され、築地で囲まれた各区画にはさまざまな機関の官舎が立ち並んだ。しかしその後、何度も火災に遭って焼失し、内裏の機能は、時々に天皇を養育した貴族の邸宅等、里内裏《さとだいり》と呼ばれる場所へと移転した。内裏のみならず、平安京の機能は次第に左京に集中し、右京の市街には廃れたところが多かった。

その左京においては、**図1-3**のように市街や主要施設は大きく変貌した。とりわけ一五世紀後半の応仁の乱では市街地の多くが灰燼に帰し、京の中心市街そのものが、一条付近から北の上京と、三条・四条付近を中心とした下京との二つに分かれた。上京と下京の間には、新たな支配者となった織田信長によって室町将軍(足利義昭)の二条邸が建設された。現在、室町通と下立売《しもたちうり》通の西南隅に石碑が立てられている付近である。かつての平安宮域はすでに荒廃していたが、織田政権を継承した豊臣秀吉は、平安宮域の北東部分に聚楽第《じゅらくだい》を建設した。そしてさらに聚楽第が秀吉自身によって破却された後、徳川家康によって現在の二条城が建設された。

平安宮域には各種施設が建設され、他の京域と異なって、もともと方格街路網が建設されなかった。旧平安宮域の市街でもやはり東西南北の街路が多いものの、戦国期以後の変遷も加わって、今ではやや複雑な街路のパターンとなっている。四条室町付近一帯は、平安京の一町方格からなる基本街路のパターンを現在でもよく踏襲しているが、それとはとりわけ異なる。

現在の京都御苑の東南部に位置する仙洞御所《せんとうごしょ》の北部付近には、かつて藤原道長の土御門殿《つちみかどどの》があったことがよく知られている。仙洞御所北東隅の、今は庭園を囲む塀の外側には、御苑の清《せい》

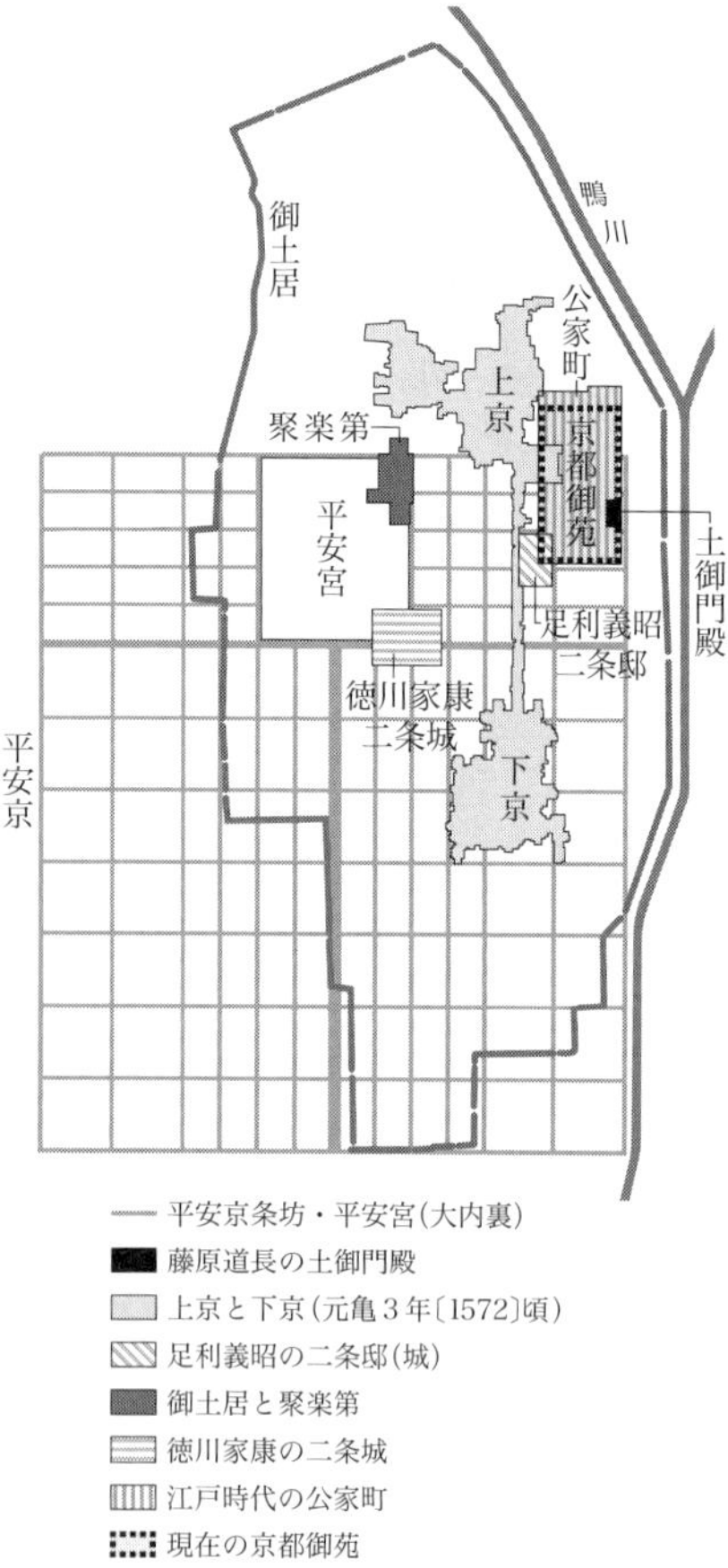

図 1-3　平安京・京都 ── 宮域・京域の変遷

和院御門《わいんごもん》がある。その付近からは、かつて道長が「この世をばわが世とぞ思ふ望月のかけたることもなしと思へば」と詠んだ満月が見られると、わざわざ訪れる人があるという。道長の土御門殿には、後一条天皇をはじめとする五人の行幸啓があったことが知られている。

本来の大内裏の中心となる大極殿が、安元三年(一一七七)の大火(太郎焼亡と呼ばれる)による被災以来再建されなかったのに対し、現在の御所一帯がやがて恒常的な内裏の地となり、周囲に多くの貴族の邸宅が集まり、公家町を形成した。それが現在の京都御苑の地域である。この地もしばしば火災に見舞われたため、近世にはすでに一帯の再整備が行われた。

現在の京都御苑は、そのように再整備された近世の状況と比べても、さらに機能・景観ともに大きく異なっている。現状は、明治に天皇行幸とともに多くの貴族が東京へ遷ったのち、跡地を御苑として整備したものが原型である。

このような、平安宮から現在の二条城へ至る変遷、あるいは土御門殿付近から現在の京都御苑への変遷だけをとっても、景観の変化は非常に著しい。しかも両地区はいずれも、時々の政権中枢の所在地であった。ここでは京都の景観変化を詳細に述べるのが目的ではないが、変化が極めて著しいこと、そうした両地区の変化が相互に関わっていたこと、の二点の特徴については改めて確認しておきたい。

さらに、創建時から変わっていないように思われている建築物であっても、実態は複雑であることが多い点にも注目したい。例えば鹿苑寺の舎利殿（金閣）は、いまも光り輝き、多くの観光客を集めている。しかしそれが創建時のものではなく、昭和二五年（一九五〇）に放火によって焼失し、昭和三〇年（一九五五）に再建されたものであることは周知のところである。

また、慈照寺の庭園は江戸時代に改変されたところが多いとされるが、庭園内の東求堂《とうぐどう》や観音殿（銀閣）とともに、評価の高い庭園である。ところが、東山の山裾を利用してつくられた枯山水庭園の部分は、長いあいだ土に埋もれていた。それが改めて庭園として復原されたのは昭和六年（一九三一）のことであり、その部分はかえって、室町時代の庭園の様子をよく伝えているとさえ評価される。

京都の景観を構成するさまざまな要素は、創建された時期が多様であるだけではなく、すでに消滅して別の要素となっていたり、持続していても再建された場合があったり、修景が加えられた場合なども多いのである。

このように景観の変化は、全体としても恒常的に起きているが、景観を構成する多くの要素――景観要素――もまた、それぞれがさまざまな経緯をたどっているのである。

景観を「文脈」で読み解く

多くの景観要素がそれぞれ、ある時期に形成され、それぞれが多様な経過をたどったとなれば、ある段階の景観要素の印象に基づいた個人的なとらえ方のみによって景観を説明することは、極めて一面的であると言えよう。景観全体の印象を性急に求めることもまた、逆にさまざまな要素の変化を無視することに結びつきやすい。何よりもまず、それぞれの景観要素の変化や、その様相を究明する必要があることになる。

ある景観要素がいつ形成され、どのように持続したり、どのように変化したりしたのかを究明すること、また、なかには消滅して他の要素に置き代わったり、逆に復原されたりしたものもあったとすれば、それがどのような状況であったのかを究明することが、まず不可欠となる。

例えば、先に述べた平安宮を考察対象とするのであれば、いくつもの宮城図(大内裏図)が残り、また発掘調査によって部分的に詳細な事実を知ることもできる。しかしそれが聚楽第であれば、天正一五年(一五八七)九月完成、文禄四年(一五九五)七月破却、という短期的な存在だったこともあって、構造についての具体的な同時代史料も少なく、実態の究明は最近までなかなか困難であった。

これがさらに、例えば一般民家ともなれば、確認作業はいっそう困難さを増すことになる。

屋敷指図《さしず》（設計図あるいは間取り図）でも見つかるとか、発掘調査によって個別事例が検出でもされないと不明であることが極めて多い。

また、たとえ個々の景観要素の詳細な経緯が判明したとしても、それが景観全体においてどのように位置づけられるのか、という点が次の大きな課題となろう。景観要素の個別の状況を詳細に究明することは極めて重要であるが、それぞれの景観要素は孤立して存在したわけではない。個別の景観要素の変遷が判明すれば、次にはほかの同時代の景観要素との関連が重要となろう。それぞれの景観要素の機能や、景観要素どうしの関連が、全体の景観構造と密接に関わっているのである。例えば先に述べた、もともとの平安宮域と、現在の京都御苑付近の景観変化はその一例である。それぞれが変化したことに加え、一方の機能が他方に移ったり、成立した機能に、関連の景観要素が付随したりしたのである。

このようにある景観要素と他の景観要素との関連を十分に視野に入れる見方を、筆者はかつて「文脈論的視角」と呼んだことがある。少し堅苦しい用語なので、本書ではできるだけ使用しないようにするが、他との関連が、ひとつの景観要素の変化を究明するうえでも重要であることは強調しておきたい。

一方、このような景観については、全体的な印象を記した文学資料などが存在することは多い。先に述べた『奥の細道』がその恰好の例である。しかしそうした例の多くが、ここでいう景観ではなく風景のとらえ方である。個人の感覚を通した印象の記録であり、景観全体や個々の景観要素の実態そのものではない。このような文字による表現だけでは、空間的に広がりがあり、多くの要素からなっている景観について、客観的な理解が困難であることは言うまでもない。そのことを前提として、文字ないし文章による表現を取り扱うべきであろう。

これらと異なって、古地図や同時代の絵画は、過去の景観を知るためには非常に有力な資料となる。ただし古地図や絵画資料も、作製の経緯や目的によって、景観の表現という観点からすれば、強いバイアスがかかっている場合が多い。

例えば近世後期には「真景図《しんけいず》」と称される風景画があって、比較的忠実に景観を表現しているものもある。しかしそれをもとにしたことが知られている絵画の場合でも、画家の想像力によって描かれたとみてもよい表現例もある。

歌川広重の「阿波鳴門之風景」は、大久保純一氏によれば、徳島藩御用絵師であった鈴木《すずき》芙《ふ》蓉《よう》の「鳴門十二勝真景図巻」などを元絵としたものであるとされる。広重自身が鳴門を訪れたはずもなく、その大胆な渦の表現などは実景とはとてもいえない。つまりこれらの芸術的表現は、絵師の感性によって情景をとらえたものであることが多い。景観史の資料として使用するには、絵画としてのバイアスを可能な限り回避する手続きが必要となる。この問題については第五章で改めて考察したい。

一方、古地図とは近代以前の地図をいい、近代地図のような表現対象についての凡例や、表現そのものの縮尺と基準が示されていないのが普通である。つまり、表現対象の選択や表現の基準が明示されていない。にもかかわらず景観の分析には極めて有用なのであるが、古地図についてては次章で述べることとしたい。

景観史の見方と手がかり

すでに述べたように、景観は数限りない多くの景観要素によって構成されている。それぞれの景観要素は、さまざまな時期に、さまざまな場所において形成されたものであり、複数の景観要素がなにがしかの「文脈」によって相互に関連していることは先に述べた。

このうち時間に直接かかわるのが、それぞれの景観要素の発生や形成、持続や変化、消滅ないし再生などの現象である。一般的には、研究の進展あるいは分析の精緻化などによって、これらの個別の過程は格段によく知られるようになった。

一方、空間に直接かかわるのがここでいう「文脈」であり、景観ないし景観要素相互の何らかの関係性である。本来、空間の語が意味する範囲はもっと広く、例えば統計を取る際の区域など、単に操作的な単位をも含む無機的な広がりを意味する場合もある。これに対し、いくつもの景観要素が何らかの関連ないしまとまりをもった空間とは、言い換えると、有機的な結びつきをもった景観要素の広がりである。このような空間を、人間の生活や活動の単位でもある「地域」と呼ぶのが研究上の表現であり、本書もこれに従いたい。

とすれば、ある地域の景観の特質を析出しようとするとき、多様な景観要素が時間の経過とともに変化する実態と、その広がりに改めて注目する必要が生じることとなる。この視角が景観史の重要な観点である。したがって景観史の見方とは、簡略に表現すれば次のような手続きになろう。

まず、景観を構成する個々の景観要素が、どのような状況にあるかを識別する。さまざまな研究成果をも援用して、それらがどの時期にどのような状況であったのかを考えることが、基本的な過程である。さらに、それがどのような機能や役割を持ち、また他の景観要素とどう関わり、さらにどのような変遷をたどってきたのか、といった歴史的な生態ないし変化の方向性を探ることが次の段階となろう。そのようにして、景観全体が意味するところを探ることになる。

それでは景観史にとって、何が直接の手がかりとなるのであろうか。

その一つは、上述の古地図であろう。基本的な性格については改めて述べるが、古地図もまた景観の表現という点では、近代地図へと発展を遂げる途上の表現様式であり、作製の目的や知識・技術レベルによっては強いバイアスを伴っている場合がある。ただし途上であるとはいえ、景観を表現し、それを伝えるという志向性を強く有している。その特性を理解したうえであれば、古地図は景観史の資料として、有力なものの一つであろう。

第二章では、いろいろな古地図をまず取り上げて、それらが表現する景観要素から景観史を探る試みを紹介してみたい。古地図には、地形や植生、土地利用をはじめ、景観要素を直接表現している場合もあれば、そうでない場合もある。また古地図には、大小さまざまに区切られた土地の範囲――「土地区画」と呼ぶことにしたい――が表現されている場合もある。例えば、国・郡・町・村・土地所有単位など、規模・内容ともにさまざまであり、地上で確認できるものもそうでないものもある。いずれにしろこれらには、政治的・行政的な制度、あるいは社会的な規制や慣行が強くかかわっている。これらの土地区画が、景観あるいは個々の景観要素の基礎となっていることが多いことも知られる。

第三章で取り上げるのは、景観史に直接かかわった人々やその舞台である。さまざまな景観、あるいはその主要な景観要素は、いつの時点で形成されたのか、どのような対象であったのかはさまざまである。しかし、それを主導した個人ないし集団が判明する場合がある。それが知られるいくつかの例を、大まかな時代ごとに抽出して検討してみたい。

第四章では、現在の景観から景観史に接近する試みを紹介してみたい。さまざまな時代の景観は、変化しながら現在もなお遺存している場合が多い。状況はそれぞれで大きく異なるものの、このような現在も残る景観要素が、景観史の有力な資料であることは確かである。そのためこの章では、筆者が撮影した日本各地の写真を数枚ずつ取り上げながら、景観要素の現状を確認することから、景観史の考え方を紹介してみたい。

第五章では、筆者がこのような景観史の見方や考え方をどのように醸成してきたのかについてご紹介したい。また、本書で取り上げなかった資料類や関連する概念、あるいはそれらを資料として使用する場合の課題などにも触れておきたい。

第二章　古地図からよみとく景観史

1　古地図とは何か

多くの人が折にふれ目にし、また利用している地図は、それが地形図であれ、道路地図であれ、あるいは住宅地図であっても、近代以後に整備されたものである。現代ではさらに、GPSを利用したナビゲーションシステムも一般的である。地図の作製目的によるが、その目的の下では正確に、また客観的に表現されていると期待されるのが普通である。

近代地図とは一般に、測量技術と表現技法の進歩によって、図法や縮尺を示し、さらに表現対象を図式で明示した地図である。それぞれの技術段階に応じて限界はあるものの、縮尺に応じて地表を正しく描くという方向性と、それとともに地表の事象を客観的に表現しようとする方向性が保たれた地図である。

これに対して「古地図」と総称されているのは、近代地図が成立する以前の地図である。測量や表現の技術の程度によるものの、一般に図式や縮尺が明示されていない。つまり、表現対象を選ぶ基準や、表現する位置の精度が不明であることになる。ただし、近代地図が成立する以前の地図であっても、作製時期のみによって常に明瞭に区分できるわけではない。例えば伊《い》能忠敬《のうただたか》の日本図の場合、近世末の作製であるが、図式と縮尺のいずれもが近代地図に遜色のないような精確な測量に基づいている。伊能図は、山の表現などに古地図の様相を残しているもののの、すでに古地図と表現することが適当ではないような、中間的な特性を持っている。

古地図に表現された事象は、その選択に必ずしも客観性が求められていたわけではない。むしろ作製や利用の目的が、客観性より優先される場合が多かった。権利の状況を記録したり、それを主張したりする手段として作製された場合や、相論(争論)が発生した時にその内容を示したり、その結果が確定した時に記録した場合などもあった。これらの古地図には、目的に関連する事象のみが表現されて、他は省略されることも多かった。

縮尺という点からすれば、古地図が近代地図のように正確でないことはすでに述べた。とはいえ、表現対象によって必然的に、おおよその縮尺の大小が規定される。例えば、世界や大陸を対象とする場合、国や地方を対象とする場合、町や村を対象とする場合の三者を比べると、同じ大きさの用紙に表現しようとすれば、どうしても世界地図では縮尺が小さく、町や村の地図では縮尺が大きくなる。国や地方の地図の場合はその中間となる。

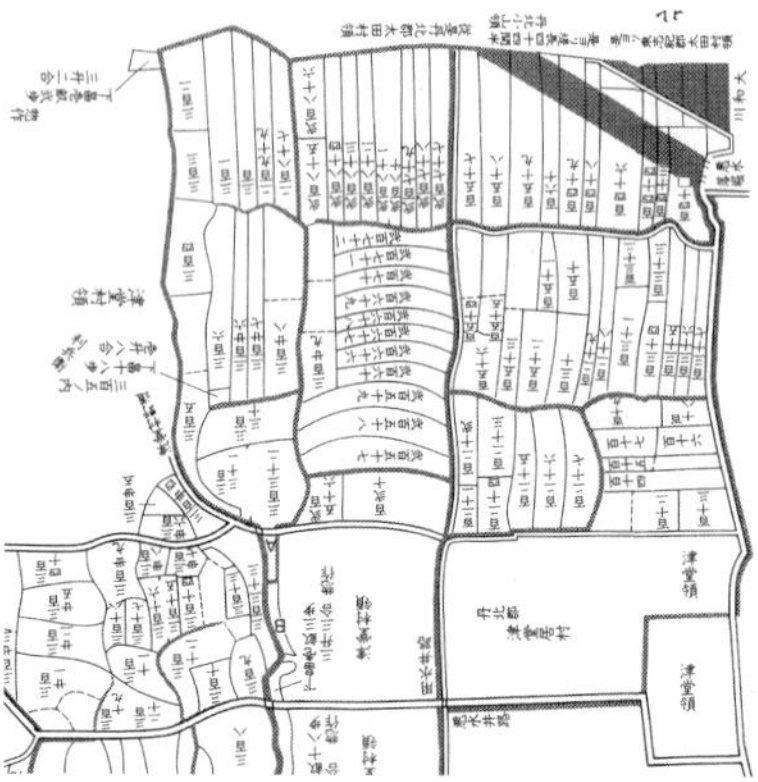

図2-1　大縮尺図「河州丹北郡小山村領内碁盤絵図」(部分)

縮尺が小さい、あるいは大きいとは、実際の対象を何分の一に表現するかということであり、世界を表現する時には一〇〇〇万分の一程度でないと一枚に表現できず、町や村であれば一〇〇〇分の一程度で表現されている(図2-1)。ゆえに、正確な縮尺ではないにしても、世界を表現した古地図の縮尺が小さく、町や村を表現した地図の縮尺がこれよりも大きい、と表現することになる。前者を「小縮尺図」、後者を「大縮尺図」と呼ぶ場合もある。国や地方を対象とした中間的な表現の場合、それを「中縮尺図」と呼ぶことができるかもしれない。

例えば近世に何回かにわたって作製された「国絵図《くにえず》」は、縮尺からいえば中縮尺程度である。国絵図とは、六〇余の国を単位とした地図であり、豊臣秀吉の指示による天正一九年(一五九一)のものが最初とされる。中世には作製されなかった、国家レベルでの一律的な地図の作製である。

徳川幕府の時期には、慶長九年(一六〇四)、寛永一〇年(一六三三)、正保元年(一六四四)、元禄一〇年(一六九七)、天保六年(一八三五)などに国絵図作製事業を始めたことが知られている。これらには山や川などの地形が表現されているが、いずれも模式的である。また郡ごとに、町や村は楕円の村形《むらがた》などで記号化されて、その中に名称が記入されている。郡や村々の石高が記入されているのも大きな特徴である。

これらの国絵図は作製時期ごとに違いがあるが、景観表現の点からいえば、正保のものは街道の情報が詳細であり、元禄のものは国境の画定に大きな目的があった。

交通路の表現や情報が詳細な正保国絵図の作製には、次のような基準が設けられていた。基本的に街道の道筋を六寸一里(約二万一六〇〇分の一)として描き、さらに、主要道と脇道の区別、一里ごとの記号(一里塚など)、峠・難所の記載、渡河地点での渡河方法や川幅・水深、冬季の牛馬交通の可否などを表現することである。

例えば、正保のものと推定される「丹波国絵図」(写し、京都府立京都学・歴彩館蔵)の場合、**図2-2**のように表現されている。同図は丹波国の南東端付近、現在の京都府亀岡市あたりである。中央付近に「河下山城国へ落《おち》ル」と記されているのは大堰《おおい》川(保津《ほづ》川)であり、山城国西北部と境を接する付近である。大堰川の左側に描かれている湾曲した線は山陰道であり、下端の

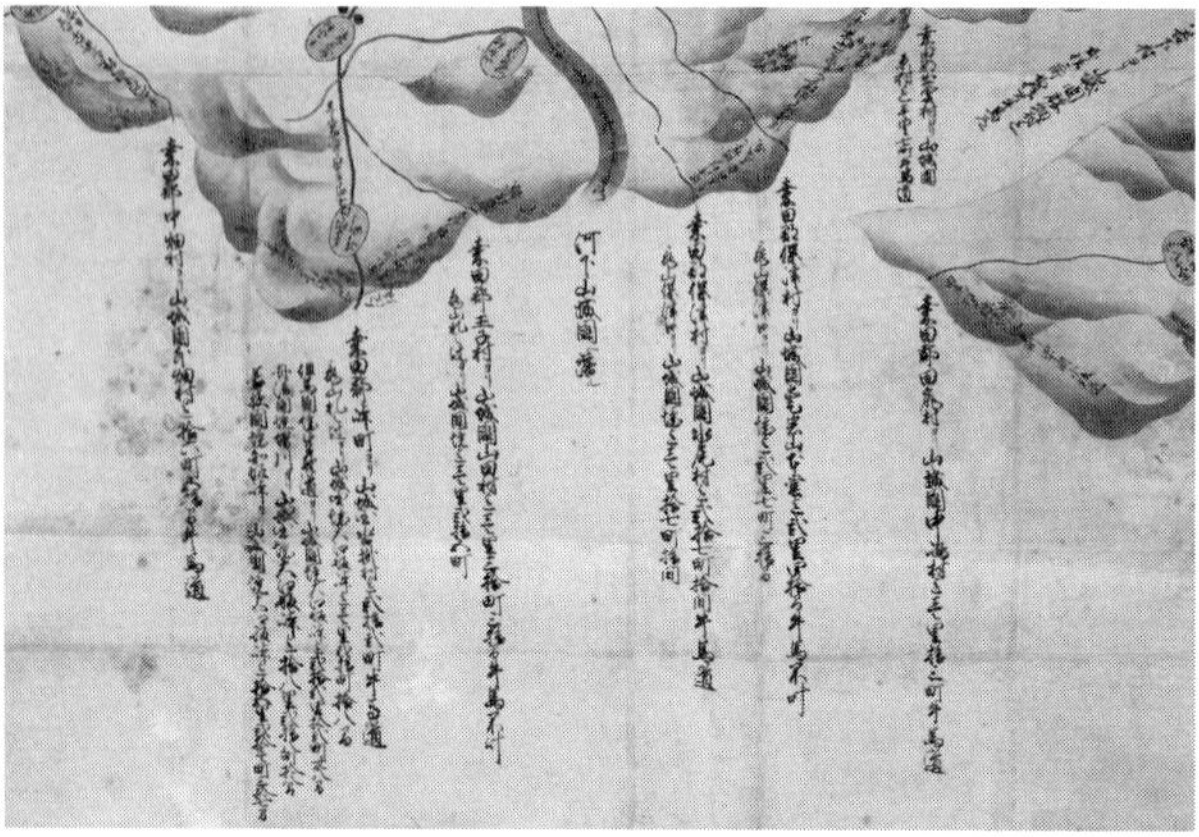

図 2-2　中縮尺図「丹波国正保国絵図」（部分）

村形には「王子村之内峠町」と記入されている。

さらに山城国側の位置には、「桑田郡峠町ヨリ山城国沓掛《くつかけ》村迄弐拾弐町牛馬道」と、「峠町」と「沓掛村」の間が二二町（約二・四キロメートル）で、牛馬が通行できる道であることを記している。さらにこの記述には、亀山（亀岡）の札の辻（高札場）、但馬国境、丹後国境、若狭国境からの距離も記されている。つまり、これらは地図としての表現ではなく、文字によって距離と道の状況（**図2-2**の範囲外に「雪中牛馬不叶《かなわず》」、「歩道」など）を記入しているのである。

地図的に表現されているのは、街道のルートと、通過する町や村の位置であり、川や山の表現も模式的である。このように、街道そのものの情報は多くが文字で記入されている。中縮尺図による当時の表現の一つの限界でもあろう。

景観を表現しようとする場合、その方法や対象の広がりの大きさによるが、一般に大縮尺図のほうが有効である。大縮尺図では詳細なレベルにいたる表現が可能であり、小縮尺図ではどうしても表現が困難であることが多いからである。

例えば、熱帯雨林気候という、W・P・ケッペン以来のよく知られた古典的な気候分類がある。赤道直下付近に広く展開している気候帯であり、大まかにいえば、年間を通じて気温が高く、また降水量が多い。この気候帯では通常、ジャングル(密林)としてよく知られた典型的な自然景観が出現していることが多い。

単にこの熱帯雨林気候の範囲を示すだけであれば、高校教科書の地図帳にあるような、小縮尺図での表現が可能である。しかし、熱帯雨林という植生が実際に展開している地域の状況を、伐採や焼畑によって植生が失われた場所もふくめて示そうとすると複雑になり、小縮尺図で表現することは不可能であろう。

どのような地図表現を目指すのかによるが、景観を考察対象とするなら、一般に大縮尺図のほうが望ましいことになろう。本章では、さまざまな大縮尺の古地図による景観表現について、典型的な例をいくつか見ていきたい。

2　古代の地図――土地を管理する

土地計画の反映――越前国坂井郡高串村の荘園図

天平神護二年（七六六）の年紀を持つ、「越前国《えちぜんのくに》坂井郡《さかいぐん》高串村《たかくしむら》東大寺《とうだいじ》大修多羅《だいしゅうたら》供《く》分田《ぶんでん》地図」（重要文化財、奈良国立博物館蔵）と題されている古地図がある（図2-3）。もともと、東大寺に伝えられた正倉院宝物に数多く含まれていた古代荘園図の一つである。

古代荘園図の多くは麻布に描かれているが、この高串村荘園図は紙に描かれている。かつてこのような紙を用いた古代荘園図が、正本ではなくて控え図と考えられたこともあったが、本図は紛れもない正本である。同じ天平神護二年の「越前国司《えちぜんこくし》解《げ》」という、越前国府から平城京の太政官への報告に付されたものであった。同図は、越前守藤原朝臣（継縄《つぐなわ》、兼参議、在京）以下国司七名および、承天《じょうてん》など東大寺僧三名、造寺司《ぞうじし》判官《じょう》、竿師《さんし》（計数・記録の専門職）などの「検田使」五名の連名により、この国司解と一体として作製されたとみられる。

この荘園図は、西側に列状の「岡」を絵画的に描き、東側には同様に「串方江《くしかたえ》」という水面を描いている。この岡列は現在の福井市白方《しらかた》町付近の三里《さんり》浜《はま》砂丘にあたり、串方江は白方集落

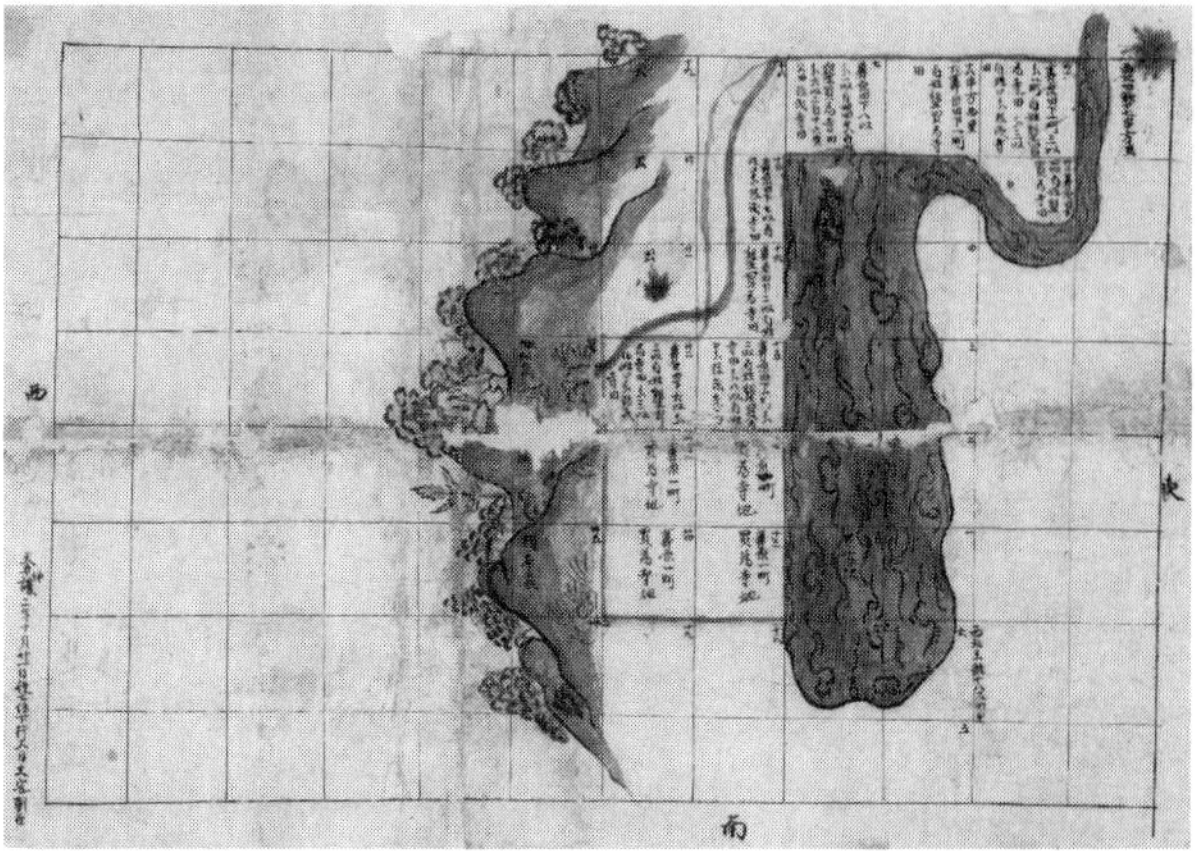

図 2-3　「越前国坂井郡高串村東大寺大修多羅供分田地図」

東方の水田地帯に相当する。岡列と串方江の間に方格の土地区画が描かれ、区画の中に文字で土地の様相が標記されている。区画の中には、例えば「西北四条十八串方西里六葦原田下一町」というふうに、条里《じょうり》呼称（「西北四条十八串方西里六」）と小《こ》字《あざ》地名的名称（「葦原田」）および面積（「一町」）によって、土地の所在地と田品《でんぽん》（田の品等）を標記している。

このような方格網と条里呼称からなる土地計画を「条里プラン」と呼びたい。条里プランについては第五章であらためて詳しく取り上げるが、基本となる方格は、一辺一町（約一〇九メートル）、面積一町（当時、三六〇〇歩＝約一・二ヘクタール）であり、この区画（奈良時代には「坊」、平安時代以後は「坪」と称した）に付された番号によって、土地の所在を表示した。なお、この方格網が道・畦や水路などで地表に構築されているものを条里地割という。

さらに、面積一町のこの方格(坊)を東西・南北にそれぞれ六区画並べた、合計三六区画からなる正方形(一辺六町=約六五四メートル)の範囲を「里」、里が東西に(越前国の場合)並んだ列を「条」と称した。

越前国の条里呼称には特徴があって、まず郡の領域を四象限に区分した。先に例示した「葦原田」の場合でいうと、坂井郡条里の第二象限にあたる「西北」に所在する。さらに「四条十八」とは、東西方向の基準線から北へ四番目の条、南北方向の基準線から西へ一八番目の里に位置することを示す。またこの例の場合、「串方西里」という名称も付されている。それぞれの里内部の面積一町の方格(坊)に一から三六の番号を付すのが一般的であった。この「六」は六坊を意味し、そこには「葦原田」という名称も付されていた。

こうした方法によって、地図上で土地の所在を表現するとともに、文書としても記録した。条里プランは、古代日本の土地管理システムの基本であった。

この荘園図の景観表現を見てみたい。

岡列はほぼ南北方向に描かれており、現在の三里浜砂丘を描いていることはすでに述べた。

その東麓に記された「槻村泉」と「榎本泉」には、複数の石のような表現と、その周囲に草のような表現があり、泉を示すのであろう。槻村泉からは東北へと小流が流れ出る様子が描かれている。岡の上には、一本の針葉樹のような表現、いくつかの広葉樹のような表現、および広葉樹とも針葉樹ともとれるような樹木の表現などがあって、当時の植生を描いているとみられる。

この表現からすれば、八世紀の三里浜砂丘にはかなり豊かな樹木が繁茂していたものと思われる。近世において、付近の農村が砂丘の移動に悩まされ、福井藩が大規模な植林事業に乗り出さざるを得なかった状況とは大幅に異なる景観であったようだ。そうした景観変化の理由はおそらく、中世の三里浜砂丘西麓の海岸における製塩のために、燃料として樹木が伐採され、植生が失われたことによるのであろう。現在の砂丘には、松やニセアカシヤ等の植林地帯と、その間に多くのラッキョウ畑が広がっている。八世紀には豊かな植生に覆われていたものの、中世の燃料採取によって近世には植生の乏しい砂丘となって、それが近世以後の植林によって再度砂丘が固定されて現状に至るという、変化である。

一方「串方江」は、今では存在していない。その名残りであろうが、付近一帯にはかつて低湿地（荘園図の「葦原」の表現に類似）や沼沢地（荘園図の「串方江」に類似）が多かったことが知ら

図 2-4　三里浜砂丘付近地形図（5万分の1地形図「福井」より）

れている。このような表現からすれば、現在は水田となっている一帯がかつての水面であった。

さらに荘園図では、条里プランの方格によって、串方江の形状の表現までが規制されていることに注意したい。というのも、串方江の西の汀線が五町（約五四五メートル）以上にわたって直線で描かれ、西北隅は直角に描かれているのである。自然の汀線であれば、このようなことはあり得ない。八世紀には、土地の状況は方格ごとに把握され、記録・管理されていた。その結果として、不自然な景観表現がなされているのであろう。

このような条里プランの方格状の区画が、現地で実際に施工されて、道や畦畔《けいはん》となっていたかどうかは不明であるが、一般的には、おそらく景観要素としては出現していなかったとみられる。実際にこの場所では、土地所有をめぐる混乱が発生していた。具体的には、条里プランの表現や、それによる田の所在地の表現が、現地との照合が可能なほどには正確でなかったとみられる。そのために、東大寺がいったん買い取った墾田の所有権が確定せず、再度の買い取りを余儀なくされたことなどが文書史料によって知られる。その経過は複雑なので別書(『古代国家の土地計画』)に譲りたい。

つまりこの荘園図は、描かれた当時の植生や土地利用を表現してはいるものの、土地管理の制度、とりわけ条里プランによる土地標記を用いることで特徴的な表現がなされていることになる。また、全体に東西南北方向として表現され、岡列も南北に表現されているが、これもまた正確ではないことが数多くの八世紀の関連史料によって知られる。実際には図2-4の現代の地形図のように、岡列は東北—西南方向であり、条里プランもまたその方向であったと考えられる。

条里プランの表現そのもののこうした不正確さは、すでに八世紀の段階において、高串村のみならず各地で土地権益をめぐる問題を発生させていた。繰り返しになるが、むしろここで確認しておきたいのは、古代の荘園図における土地利用や土地所有の表現が、条里プランという、当時の土地計画に強く拠っていたことである。地形や植生についてはそれらの印象をよく伝えているものの、位置や形状はおそらく測量技術の制約によって、必ずしも正確とは言えず、むしろ不正確な場合が多かったことになる。

このような状況は基本的に、八世紀の古代荘園図に共通するものである。

景観の認識——小宇宙を描く「東大寺山堺四至図」

「東大寺《とうだいじ》山《さん》堺《かい》四《し》至《いし》図《ず》」(正倉院宝物)と呼ばれている、縦約二・二メートル、横約三メートルもの大きな地図がある(図2-5)。先に紹介した高串村の荘園図と異なって、調という税として納められた麻布に描かれた地図であるが、これも正倉院展でご覧になった方があるかもしれない。天平勝宝八歳(七五六)に東大寺の寺域を定めた、「東大寺図」と記載された地図である。

全体に一辺一四センチメートル余の方格網が描かれており、それを基準に景観表現がなされている。ただし吉川真司氏によると、東西方向の方格線は平城京条坊の町の一辺四六〇尺(約一四〇メートル)に相当する南北幅で描かれているが、南北方向の方格線は六〇〇—九〇〇尺程度(三分の四町—二町(約一八〇—二七〇メートル))の東西幅と見なければ、実際の距離と整合しないとみられている。つまり、表現されている方格は平城京都市計画の条坊を延長した形であるが、南北幅の縮尺に比べて、東西幅が〇・七五—〇・五に縮小されていることになる。

このように東西・南北の縮尺は異なるが、平城京の条坊プランによっている点では、高串村図と同様に古代の土地計画を基本とした表現となっている。この地図の研究は多いが、吉川氏の現地比定に拠りつつ、同図の構成や景観表現についてみていきたい。

まず、周辺部には、「一堺」から「十堺」の境界点を標記して、東大寺寺域の境界を明示しようとしている。ここでは特に次の点に注目したい。

まず、東(四堺―五堺)が「佐保《さほ》川」上流部分、北(一堺―三堺)が「染谷、飯守道《いいもりみち》、佐保寺道《さほじみち》」、西(八堺―十堺)が「氷室谷《ひむろたに》、興福寺□□角、寺道」、南(七堺)が「能登河」など、道や川が境界を画する主要な指標であったとみられることである。西南部でも「山房道《やまふさみち》、道」の表現があり、東南部(六堺)では「香山《こうせん》東南道」、「山房道、能登川源」などの道・川のような表現がある。

このうち西側の直線道は平城京の東京極《ひがしきょうごく》にあたる南北道であり、それに沿って築地のような表現があって「東大寺西大門、中門、佐保路門」などが開いている。さらにこの道の「九堺興福寺□□角」付近では東側に「山階寺《やましなじ》東松林廿七町」、「八堺」付近には「瓦屋」が標記されていて、境界の表現が非常に詳しい。

次に注目されるのは、多くの山々が描かれ、それらの峰々には樹木の表現が加えられていることである。稜線とその内側のぼかし、ならびに樹木の表現は、一体として山を表現するものとみられる。

さらに注意したいのは、それらの山の表現の向きが一定ではないことである。東北部では、北側から見たような山が三重四重に描かれ、北部中央付近では「飯守峯」が北側から、東部中

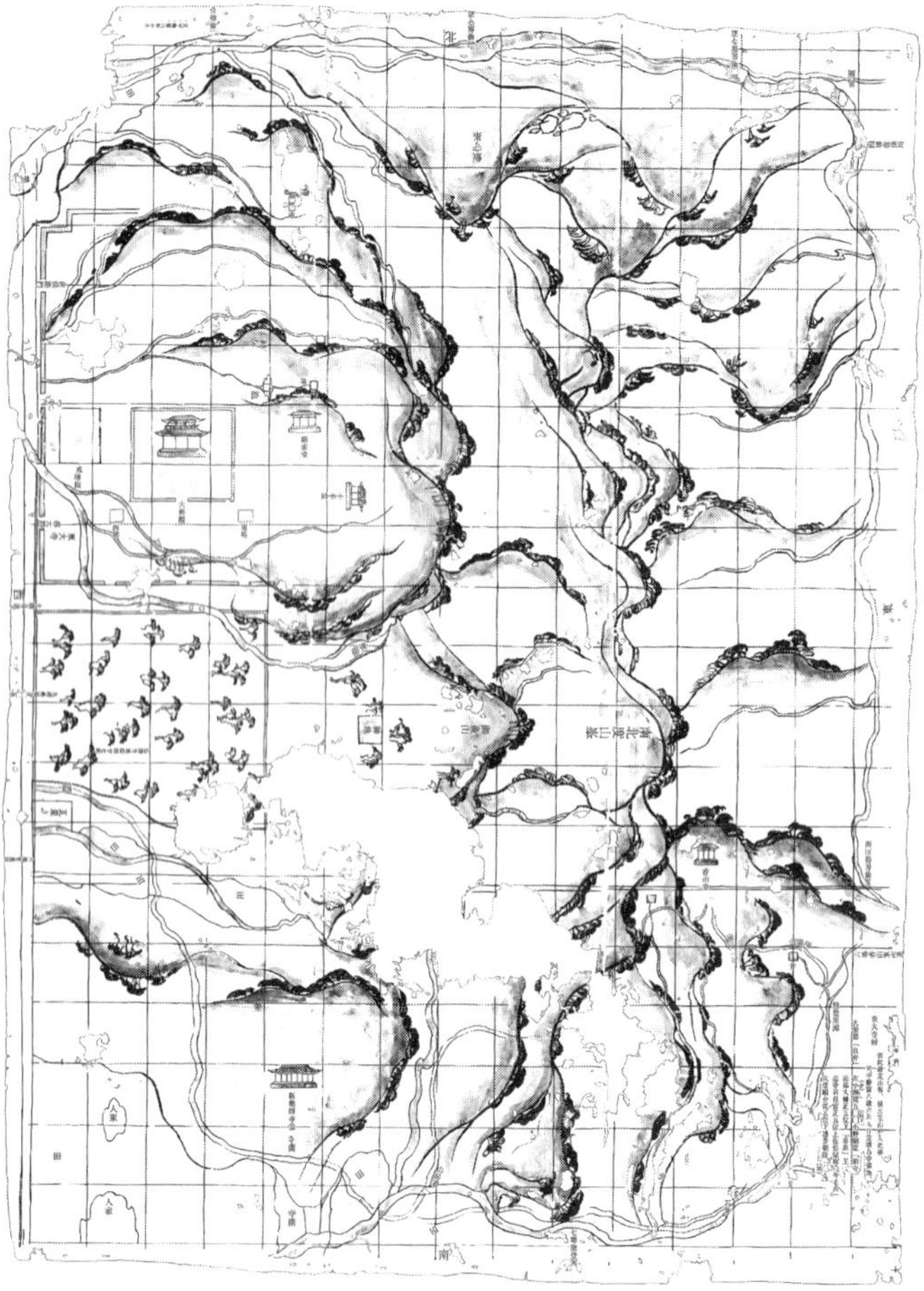

図 2-5 「東大寺山堺四至図」(概要，東京大学史料編纂所作製釈文，上を北として示す)

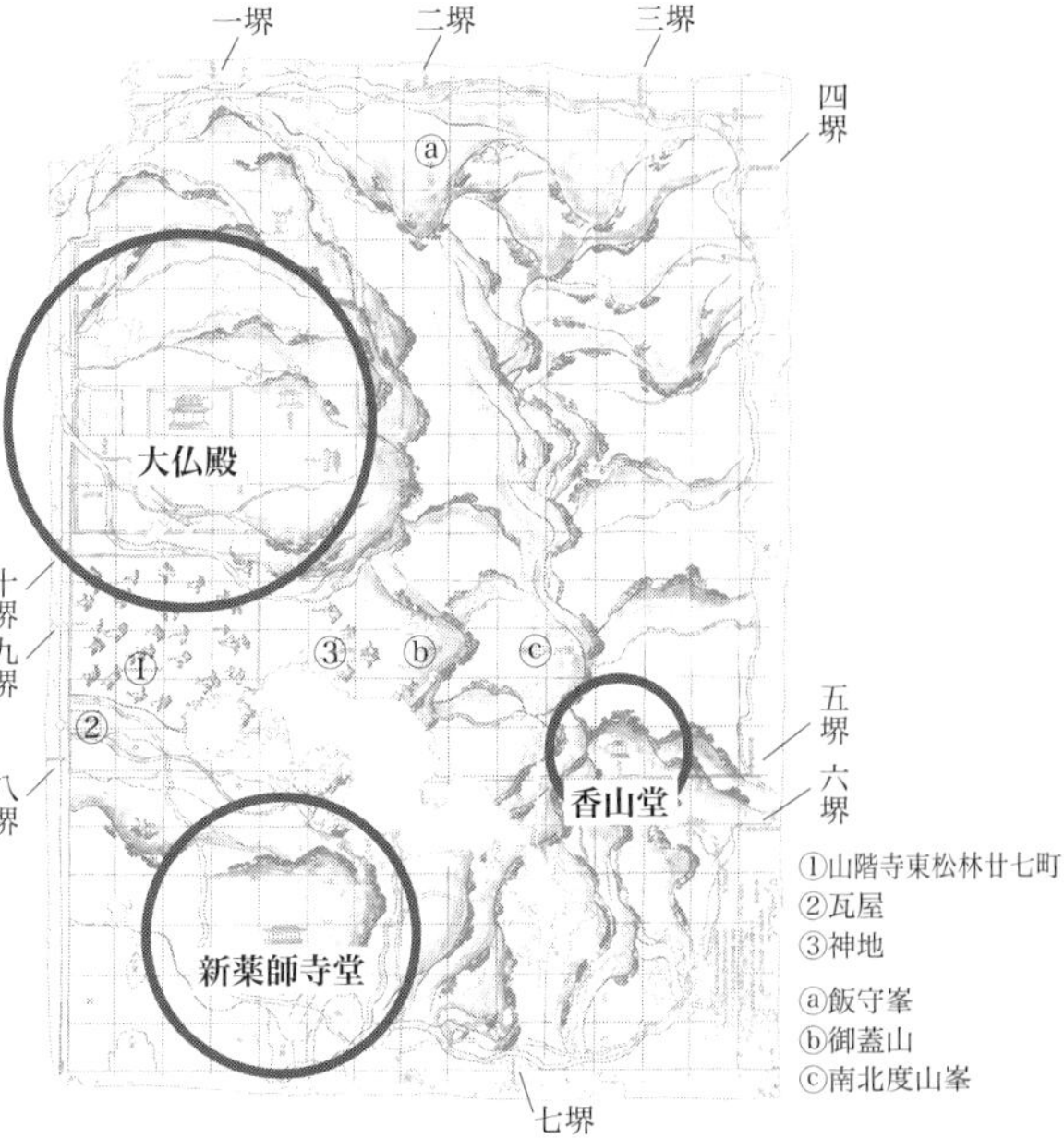

図 2-6　「東大寺山堺四至図」の景観表現

央付近では南側から見たように山が三重四重に、描かれている。

南側では、「新薬師寺堂」を取り巻くような表現がなされ、さらにその東側に五重から七重の山々が描かれている。東南部でも、「香山堂」の南側にはこの方向が及んでいるが、「香山堂」の北側では、そこから見た方向に三重四重の山々が描かれている。

この傾向が特に著しいのは東大寺周辺である。「大仏殿、羂索堂《けんじゃくどう》、千手堂」付近では、北側に五重六重、東側に二重三重、東南側に三重の山々が描かれて、境内が取り囲まれているように見える。さらに東側には「御蓋山《みかさやま》、南北度山峯（吉川氏説では現在の花山《はなやま》）」を含め、西側から見た山々が三重四重に描かれている。

ただし、西側中央部の東京極に接した「山階寺東松林廿七町」の松林は西側から見たように描かれており、その東の「神地」「御蓋山、南北度山峯」と同様の方向である。松林は興福寺の管理下にあり、この付近は、平安時代に興福寺と春日社の係争地となったことも指摘されている。東大寺とは別の領域として表現されているとみられる。とすれば、東方の「御蓋山、南北度山峯」を含む三重四重に描かれた山々もまた、東大寺の管理下にないことを表しているのかもしれない。

これらの景観表現を図示してみると**図2-6**のようになる。「東大寺山堺四至図」自体が、東大寺の境域を表現するものであったことはすでに述べたが、その内部は複雑な構成であったということになる。東大寺自体が「大仏殿」を中核とした堂宇を中心に、塀と山々に取り囲まれた、いわば小宇宙を構成しているような表現となっている。

さらに同様のことは、「新薬師寺堂」を中心とした空間、「香山堂」を中心とした空間としても表現されているとみられる。「山階寺東松林廿七町」を含む興福寺の世界も、これに準じる表現であるとみることができよう。本図はこのように、少なくとも四つの小宇宙からなる空間認識を表現していることになる。さらにいえば、北東隅付近にも北から見た方向の表現があった。その中心は不明であるが、「佐保寺道」という標記が手がかりになるかもしれない。そこに別の小宇宙の存在を認めた表現である可能性があろう。

現代の地形図でこの付近の山々を眺めると、**図2-7**のように、等高線が全体として西北西―東南東方向になっていて、この方向の稜線が目立つ。南の能登川や北の佐保川の谷は深く山中に入り込んでいるように見えるが、他の谷は浅い。大仏殿北側や、春日大社の南側では、山地が低くなりながらも、少し西側へ張り出している。つまり、本図の山の表現は、実際の地形とはかなり異なっているとみられる。

図2-7　東大寺付近地形図(2万5千分の1地形図「奈良」より)

荘園図と寺域図を一点ず

つ取り上げたが、こうした古代の地図の特徴は、土地の利用状況や権益を条里プランや条坊プランに従って表現しつつ、また周囲の地形や植生などの景観を表現していることにある。土地の権益や境界が土地計画や境界点の地物などに従って表現されているのに対し、景観は現地での観察あるいは認識に基づいているので、土地情報と景観表現とが必ずしも合致するわけではない。高串村図の水面や岡列の表現、山堺四至図における周囲を取り巻く山の小宇宙的表現など、古代の地図の表現には、制度上の位置づけと、現地での認識とが混在しているのである。

3 中世の地図――境界を認識する

境域の表現――近江国比良荘

中世の古地図には絵画的な表現が多い、というのが一般的な見方である。典型的な例の一つである、「近江国比良荘《おうみのくにひらのしょう》 堺相論絵図《さかいそうろんえず》」を取り上げてみたい。荘園間の境界相論を表現した地図で、現在も滋賀県大津市北比良に区有文書として伝わるものであり、類似のものがもう一面存在する。いずれも裏に、弘安三年（一二八〇）の年紀を伴う「円満院《えんまんいん》（大津市園城寺町円満院門跡）庁務弁」と、永和二年（一三七六）の年紀を伴う「地行代泰宗」等による裏書の写しがある。

ただし詳細に見ると、若干の相違があると指摘されている。

まず図2-8に、そのうち北比良区蔵の一点を取り上げ、どんな景観要素が描かれているかを見てみよう。裏書によれば、弘安三年に円満院領の小松荘《こまつのしょう》・音羽荘《おとわのしょう》と比良新荘との境界を取り決めたが相論は決着せず、永和二年に再び相論絵図を作製したとある。本図は、その永和二年の絵図をもとにした写しだと考えられている。

絵図の下(東)には琵琶湖が、中央には比良山の峰々が描かれている。比良山からは、琵琶湖に向かって四本の川が流下する様子も描かれている。また、比良山の背後の山中の「アカ坂」から「三尾川《みお》」が琵琶湖へと流下し、さらに同じく比良山の背後から流れ出たもうひとつの水流が、途中で四本の支流をあわせて「阿曇川《あど》」(安曇川)として右(北)へと流れるように描かれている。この安曇川の上流部には「カツラ川」と記された建物三宇が描かれている。

また、小さくて見づらいが画面の右下には比良山北端から琵琶湖岸へと線が描かれ、右に「高島郡」、左に「志賀郡」と記されているので、三尾川と安曇川が高島郡内、比良山から流下する四本の川が志賀郡内となる。志賀郡の四本の川のうち、一番右側には「ウ(鵜)川」と記されている。一番左側の川の左には「比良ノ本庄木戸庄」と記入されているので、こちらは現在の大谷川と見られる。とすれば、鵜川と大谷川の間の二本の川は、滝川と比良川であろう。

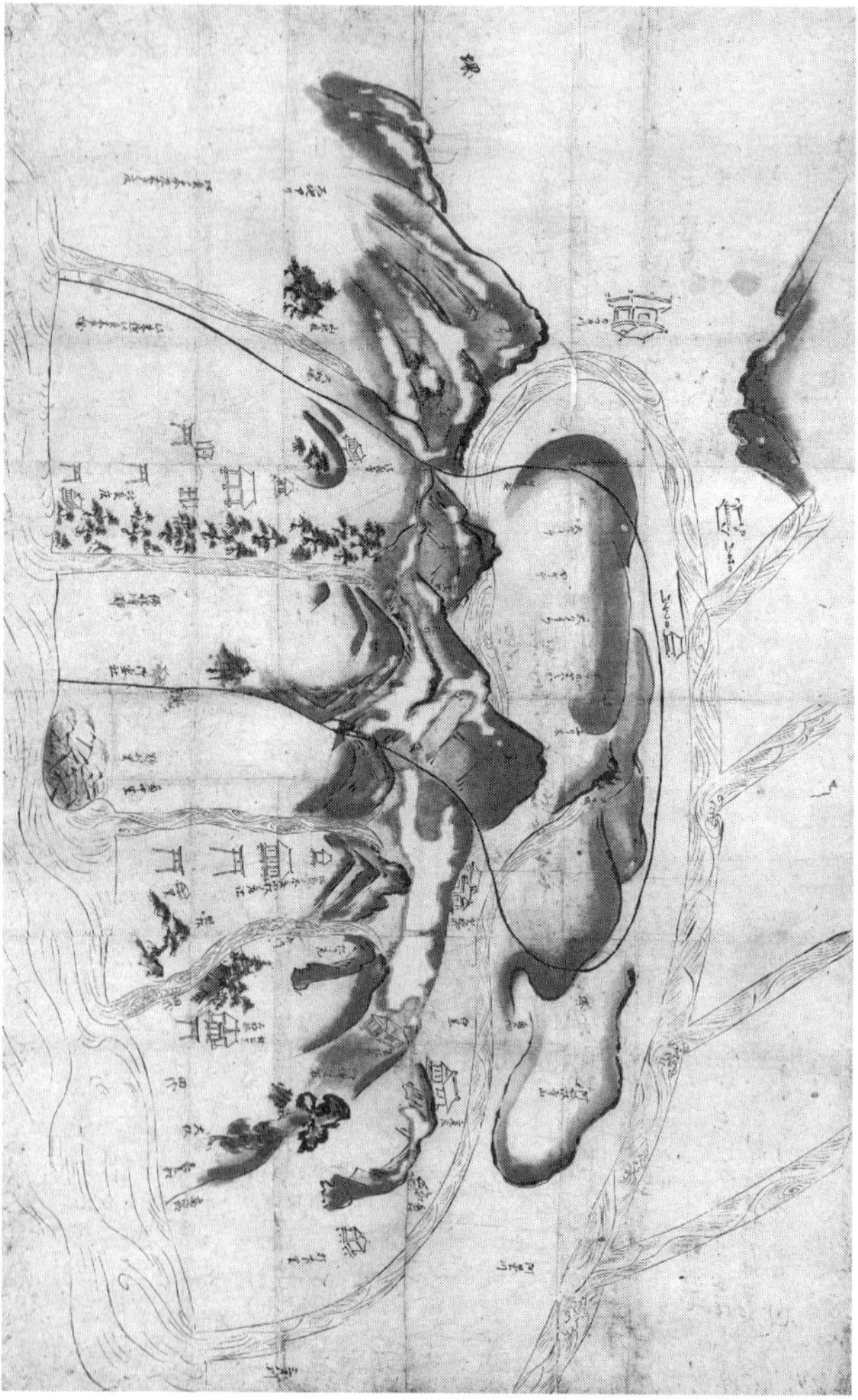

図2-8 「近江国比良荘堺相論絵図」(一)

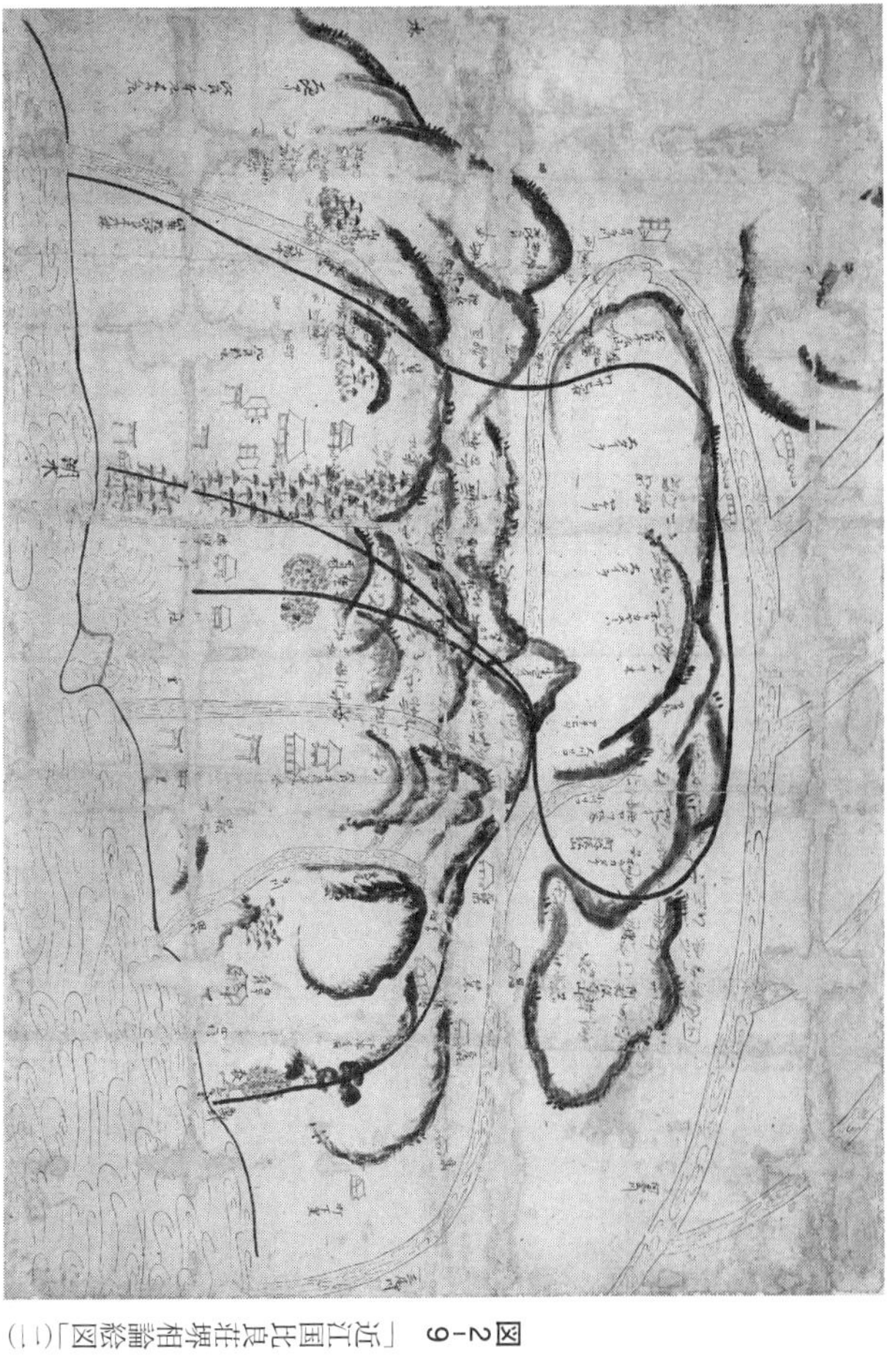

図2-9 「近江国比良荘堺相論絵図」(二)

これらの川沿いには、寺社とみられる施設が描かれているのが一つの特徴である。先にふれた安曇川上流の三か所の建物のうち、もっとも大きく描かれたものは葛川明王院《かつらがわみょうおういん》(大津市葛川《かつらがわ》坊村町《ぼうむら》)を意味する可能性が高い。葛川明王院は、回峰行《かいほうぎょう》の祖、相応《そうおう》開基の天台修験道場である。三尾川沿いには、上流から「呪師瀬《じゅしがせ》、三尾庄、音羽《おとわ》、打下里《うちおろしのさと》」と記された建物が描かれている。

「ウ川」の右側(北岸)には「白ヒケ大明神」(高島市鵜川の白鬚神社)の社殿様の建物と鳥居が描かれ、同様に滝川の北岸に描かれた建物二棟と鳥居二基には「比良ノ本庄小松庄社」と記されている。比良川南岸には樹木列が描かれ、その南側に「法花寺」の伽藍様の建物、その下流側に五棟の建物と三基の鳥居が描かれている。滝川の北岸は樹下《じゅげ》神社、比良川の南岸もまた同名の樹下神社と思われる。滝川と比良川の中間には「御霊社」が描かれている。

本図の景観表現の特徴は、以上に述べたように、比良山と琵琶湖に挟まれた山麓地域の主要な河川および寺社が印象的に描かれていることであり、さらに、琵琶湖側から見て比良山の背後に位置する山裾と、河谷を形成する安曇川にまで描写が及んでいることである。近代地図の技法と大きく異なり、絵画的な表現が主体であるにもかかわらず、比良山周辺の住民による景観認識が見事に表現されているといえよう。

加えて、比良川両岸にわたる「比良庄」(比良新荘)の領域を示すと思われる曲線(ゆがんだ山型食パンのような形)を目立つように表現していることが大きな特徴であり、これこそが本図のもっとも重要な主題であるとみられる。しかも、それが比良山の背後にまで及んでいることに注目したい。「御霊社」、「呪師瀬」、「カツラ川」(三か所のうちの一つ)、大谷川などが、この境界線に関わる目標的な景観要素として描かれているとみられる。境界線や目標物の表現は、一般に相論絵図にみられる特徴の一つでもあるが、本図はまさしく典型的である。

本図に描かれた比良荘の領域の中心は、比良川流域の比良山から琵琶湖岸にかけての狭長な平野にあり、樹下神社がその紐帯としての役割を果たしていたものと思われる。加えて特徴的なのは、その領域が上述の比良山背後までを含みこんでいることで、山地を利用する権利が広範に設定されているのである。

現実の比良山は、琵琶湖西岸のもっとも目立つ山塊である。近江八景の一つとして「比良の暮雪《ぼせつ》」が挙げられているし、冬の季節風のことを「比良おろし」と呼ぶなど、この地域ではいろいろなかたちで強く認識されている。

しかし、琵琶湖の東岸からにせよ、西岸の山麓からにせよ、比良山の東から見れば、当然のことながら峰々までしか見えず、決してその向こうの西側が見えることはない。本図は、比良山の景観を表現してはいるものの、比良荘の権利の範囲を示すことにこそ作製目的があるのだろう。

図2-9は、もう一点の「比良荘堺相論絵図」(個人蔵)である。描かれた景観ないし景観要素は基本的に同じである。つまり景観認識としては、二面の絵図は基本的に共通する。ただし、境界線の表現に大きな違いがある。

まず図2-8の場合、比良新荘の北の境界線は「仏性寺野」を含み、「御霊社」のすぐ北側に描かれている。ところが図2-9では、境界線はこの両者の南側に描かれ、比良川とその南岸の松林を斜めに横切る位置となっている。

さらに図2-9には、図2-8になかった小松荘の範囲を示す境界線(上述の山型食パン形の曲線の右下、山なりの形)が加えられている。この境界線は、北の高島郡と志賀郡の境から、「呪師瀬」の東を通り、「小松庄下司林」の中ほどを経て、「仏性寺野」と「御霊社」の間を通って、「御霊社」を領域内に取り込んでいるのである。しかも二つの境界線の間には、図2-8にはなかった「小松庄下司林」の表現が加えられている。

つまり、図2-9のほうは小松荘側の主張を描いたものと考えられる。景観ないし景観要素の認識には図2-8と基本的な違いがないものの、境界の主張に必要な「小松庄下司林」が加えられているのが大きな違いである。二図の領域の主張には、かなりの隔たりがあることになるが、その根拠として新たな景観要素が加えられているわけである。

領地の分割——伯耆国東郷荘

鳥取県東伯《とうはく》郡湯梨浜《ゆりはま》町に、東郷池と呼ばれる潟湖がある。合併して湯梨浜町となるまでは、潟湖北半の日本海側が羽合《はわい》町、南半の内陸側が東郷町であった。この東郷池付近を描いた著名な古地図があり、「伯耆国東郷荘下地中分図《ほうきのくにとうごうのしょうしたじちゅうぶんず》」（模写本、東京大学史料編纂所蔵）と名づけられている（図2-10）。「下地中分」とは、荘園を本来の荘園領主である領家《りょうけ》側と、現地で荘園を管理していた地頭《じとう》側とに分割することをいう。中世にしばしば行われた領域分割の方法であった。正嘉二年（一二五八）の年紀をもつこの地図は、その結果を表現したものである。

湖岸の西側には現在、天神川流域の平野が広がり、湖岸の西南と東南にも狭小な平野がある（図2-11）。この下地中分図（下が北、日本海になっている）ではそれらの平野に相当する部分に、耕地を示すゆがんだ井桁状の表現と、農家を示すような家屋の絵が描かれている。

さらに本図の西側には、天神川の旧流路とおぼしき河道の西に、「北条郷」の語が、方位を示す「西」の文字とは逆向きに記入されている。また東側でも、「東」の文字とは逆方向から

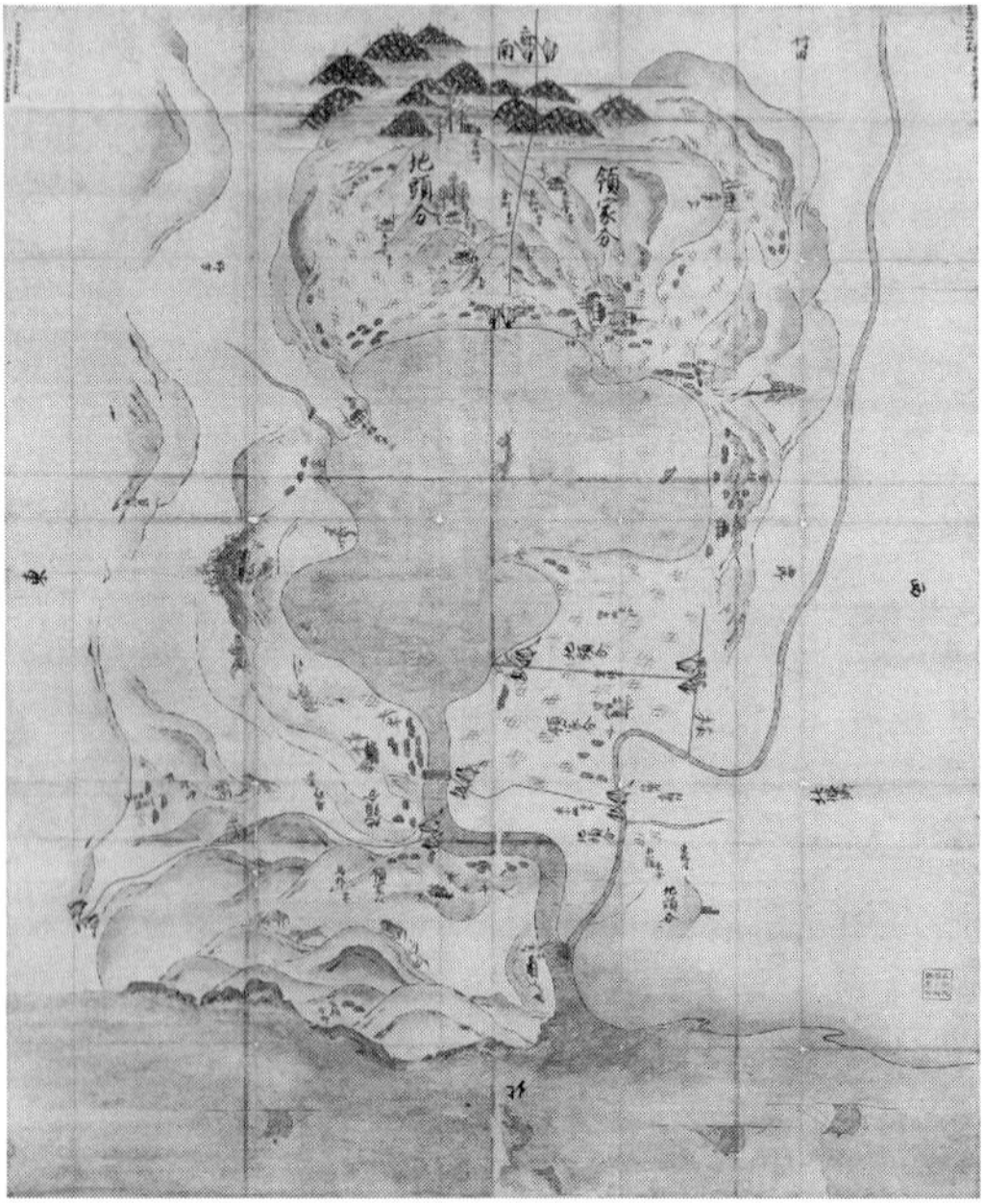

図 2-10　「伯耆国東郷荘下地中分図」(模写)

山が描かれ、この方向に「野方」と記されている。その北側にも、同じ河村郡内の地名である「笏賀《くつが》」の文字が標記されている。それら東西の地域が、東郷荘の領域外であることを示すのであろう。

改めてこの図をみると、中央に東郷池を描き、川がそこから流れ出て、下方の日本海へとつながっている。周囲には山々があり、いずれも基本的に湖面ないし日本海側から見たように描かれている。

東郷池北側の東・西隅と、南

側部分、および西岸の平野中央部に中分線（分割線）を描き、その線の両端の両側に領家と地頭の花押を記入して確認の証としている。さらに中分線の両側には「地頭分」「領家分」の文字が標記されて、分割された領域の所属を明記している。このような下地中分の境界の表現が、本図の最大の特徴である。

図 2-11　東郷池付近地形図（2 万 5 千分の 1 地形図「松崎」より）

しかもそれぞれの領域の寺社や地名には、地頭分であれば「東分」、領家分であれば「西分」と、その地の所属を明示している。例外は、東岸中央の山（おそらく御《み》冠山《かんむりやま》）裾の「一宮」と三か所の「一宮領」である。いずれも他の地名のように「東分」または「西分」と注記されていない。一宮（湯梨浜町大字宮内の倭文《しとり》神社）の権益が別途に認められていたのであろう。

同じように、南の「地頭分」内の山頂にありながら「東分」の注記のない「置福寺《ちふくじ》」もまた、一宮領と同様の意味で置福寺（湯梨浜町羽衣石《うえし》川上流付近か）の権益が設定されていた可能性が高い。これら「一宮」「一宮領」および「置福寺」は、領家とも地頭とも別の権威であったとみられる。

この地図のもう一つの目立った特徴は、上端（南端）の「置福寺」付近以遠（以南）の山々が、湖岸の山々とはまったく異なる様相で表現されていることである。そのさらに南側には「三朝《みささ》」という標記があって、現在の三朝温泉（東伯郡三朝町）付近を指している。したがって、かなり南方を意味しているとみられるが、中分線自体はこれらの山々にも及んでいる。こうした山の描かれ方の違いは、何に由来するのであろうか。

まず、東郷池の湖岸の山々はいわゆる「里山《さとやま》」であり、日常の生活や農業に関わって利用されていたのであろう。一方、これらと表現が異なった南方の遠い山々は、「奥山」と呼ばれることの多い、普段は農民が足を踏み入れることのない場所であったとみられる。里山と奥山とでは、用益の方法も権利も、相互に異なっていたのである。山々の表現の違いは、この違いを示すものであろう。

東郷荘における、里山と奥山のこのように異なった表現や、境界の表現方法の背景には、古代と異なる中世の政治・社会構造があった。

中世には基本的に、古代の条里プランに基づく班田図や荘園図のような、基準となる地図が作製されることはなくなった。国家機関による管理にかわって、荘園自体が領有・権益や、貢納・義務の重要な単位となったのである。この流れの中で、荘園のさまざまな権益を「一円化」する（一定の地域に集中させる）動向が一般化し、荘園の境界画定が極めて重要となった。

この点は、先に述べた「比良荘図」の場合にも共通している。「比良荘図」のほうは、荘域の一円化と境界相論の結果を表現したものであり、「東郷荘図」の場合は、一円化された荘域をさらに二分した結果の表現だということになる。

いずれも、領域の境界を示すことに主要な目的があったわけであるが、前者の境界線の表現は、権益の広がりを示すことに重点があるのに対して、後者の中分線のほうは、一本の道（「紫縄手」）や橋（東郷池から流出する河口）、あるいは村の境界（「長和田」と「倉渕」）などの詳細な位置によって、分割の境界位置を表現していることが特徴である。こうした目的に従って、表現する対象としての個々の景観要素が選択され、時には必要に応じて付加されていることになる。

また、国家的な制度が機能しなくなり基準となる地図が作製されなくなったために、中世荘園図は目だった景観ないし景観要素によって領域の境界を示す方法によらざるを得なくなった、ということも指摘しておきたい。

つまり、例えば先の二面の「比良荘図」の場合でいうと、互いに異なった主張をして争うにしても、共通認識となっている景観要素に基づくほうが、主張の説明ないし理解が容易だったわけである。それゆえ、境界の争点となる景観要素を別とすれば、相互の類似性が高い。

このような状況は中世にとどまらず、近世に至っても続いた。ある町や村を描いた複数の古地図がよく似た表現となっている例は、しばしばみられる。多くの場合、共通理解となっている景観要素を踏襲するために、以前のものを転写して新たな図の元図としたとみられる。

4　近世の地図――町と村を描く

町と茶園・田畑――山城国宇治郷

「宇《う》治《じ》郷《ごう》総《そう》絵《え》図《ず》」（宇治市蔵）と称する古地図がある（図2-12）。江戸中期の享保七年（一七二二）以後、延享二年（一七四五）までに描かれたと考えられており、縦約三・八メートル、横約五・二メートルという大きさで、しかも一間一分すなわち六〇〇分の一という大縮尺の地図である。北

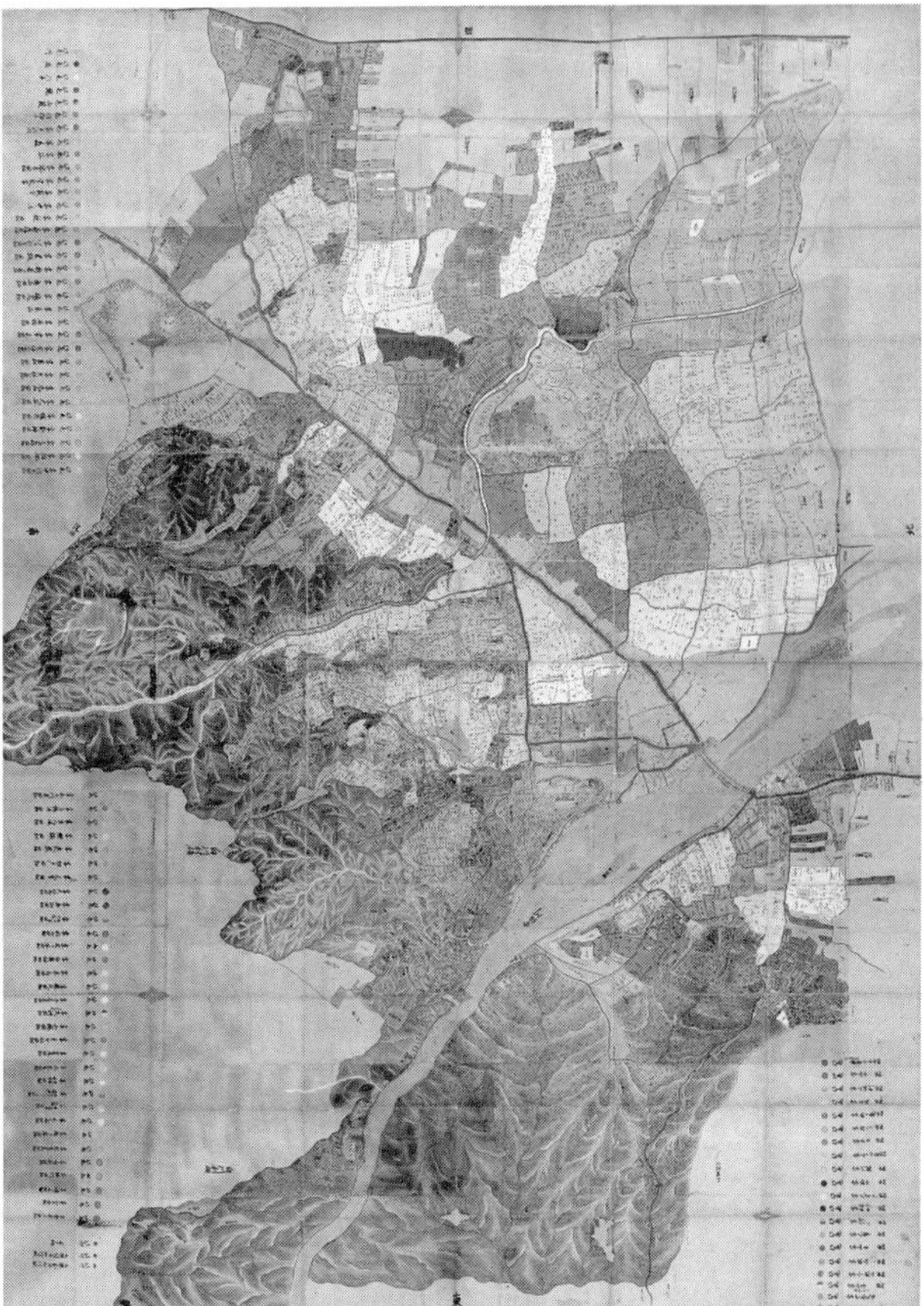

図2-12 「宇治郷総絵図」

を上にして描かれていて、右下(東南)から左上(西北)方向に流れているのが宇治川である。

地図の西北部分が市街と農地であり、東部と南部が主として山地(「山藪」)である。山地を除けば、字《あざ》(現在の小字《こあざ》)ごとに色分けして表現されている。塗り分けられたそれぞれの字名と土地利用は、地図の右上と下に色彩の○を並べ、それぞれに例えば「此色　字切戸　田畑」といったふうに記されている。このような色分けによる凡例は、「山藪、境、川原、道、川」を含んで、計八五に及ぶ。

それらのほかに、赤の△○□の記号によって「上林又兵衛《かんばやしまたべえ》知行地」「上林門太郎《かんばやしもんたろう》知行地」「上ケ地《あげち》」が示されている。これは享保四年(一七一九)に改易された上林門太郎の知行地や、その後を継いだ上林又兵衛(寛保三年〔一七四三〕改易)の知行地を意味するから、宇治郷代官の交代に関わって作製された地図だと推定されている。

本図の特徴は、多色を用いて描かれていることに加えて、表現が極めて精緻なことである。田畑・市街の地筆の一筆ごとの形状が表現され、しかも各筆の辺の距離が逐一記入されている。

図2-13は、この絵図の宇治市街中心部分である。右上(東北)が宇治川、宇治川に架かる橋が宇治橋であり、右(東)端に描かれているのが平等院。宇治橋西畔から西南に延びるほぼ直線の道が新町通、同様に南へ伸びるのが県《あがた》通、その県通とほぼ直交するのが本町通、宇治橋西畔

から宇治川寄りを平等院へ向かうのが平等院通である。

　これらの街路沿いを中心に宇治の町並みが形成されており、新町通・県通・本町通の両側には、ほぼ完全に町屋が連なっている様子がわかる（本町通だけは断続的）。具体的には、門構えや家屋が詳細に描かれており、くわえてそれぞれの間口の広さ、奥行きの長さの数値も記入されている。

図 2-13　「宇治郷総絵図」（部分，宇治市街）

　ただし田畑部分の字とは異なり、町名は色分けされておらず町並み全体が同一の彩色となっていて、町名も地図中に直接記入されている。このことは、天領で代官支配であった宇治では、市街の税が免除されていたのに対して田畑には税が課されたという、土地の位置づけの違いによると思われる。

　本図が描かれた一八世紀前半頃には、宇治郷の人口は四〇〇〇人弱であった。近世にお

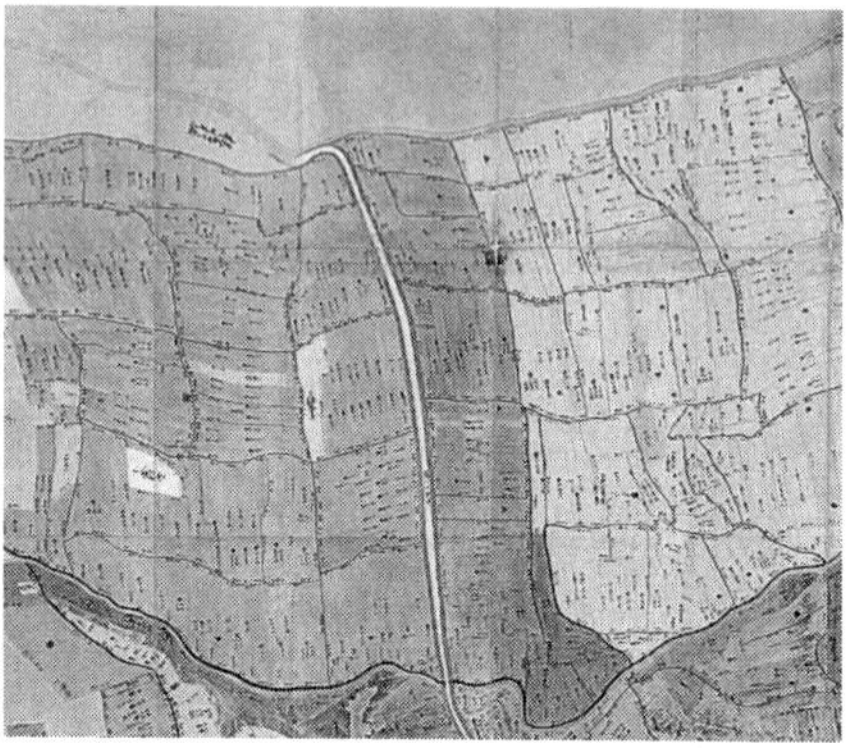

図2-14　「宇治郷総絵図」(部分，折居川付近)

いて人口のもっとも多かった時期ではあるが、街路沿いに並んだ町屋の背後には農地が見え、その多くが茶園であったと推定される。

なお、全体図（図2-12）東南の宇治川上流の両岸、および市街南方は山地であり、「山藪」として一括して凡例に示され、字名も示されていないことはすでに述べた。山地部分の表現は模式的で、図2-12の東・南部に見られるように、暗緑色を基準としながらも多くの樹木を細かくちりばめたように描き、全体として尾根部分と谷部分を表現している。特に市街南方では、極めて多くの谷の形状も描かれ、それぞれの場所の状況を反映した表現となっている。

また、宇治川のような、常に水が流れている川が水色で表現されているのに対し、市街西側を湾曲しつつ西北に向かう折居《おりい》川のように、白く描かれている川も見える。折居川は通常は水がなく、雨の多い時期しか流れないのである。

このように、景観表現という点からすると、さまざまな景観要素と、田畑・町屋の地筆の形状、市街の様相が克明に描かれている。

さらに注目すべきは、本図には定規を使ったような直線的表現がまったく見られないことである。現代の直線道路を別とすれば、歴史的な道はなだらかに湾曲していることが多く、実際にその場に立ってみてもこのことは実感できる。そうした感覚を反映している点でも優れた景観表現となっている。

しかし絵図の作製者が、宇治における土地区画の実状について理解が十分ではなかった点もある。例えば**図2-14**の部分には、それが如実に現れている。

これは絵図の北西部、折居川の下流部分の彩色で示された字半白《はんぱく》・切戸《きりど》・樋《ひ》ノ尻《しり》付近である。全体にゆがんだ菱形の区画が描かれているが、実際にはほぼ一〇九メートルごとの碁盤目状であり、すでに述べた条里プランに由来する土地区画である。ところが、個々の方格はゆがんで表現されているだけでなく、食い違いを生じている部分さえあるし、道の湾曲状況の描写も実態と大きく乖離している。

食い違いの原因は、中央に流れる折居川である。水のない川であったため橋がなく、方格をなす東西道の接続がわかりにくくなっていたのであろう。さらにその背景には、「宇治郷総絵図」が字ごとに作製された切絵図《きりえず》（字図《あざず》）をもとにして描かれたと考えられることがある。近世末に、字図を書き写した人物による作業記録があり、字図が現存しているのである。字図を組み合わせて総絵図を作製するという作業過程が、現地状況への理解不足に結びついたと想定できる。

短冊形の町屋区画と街路――彦根の城下絵図

近世には、城下町を描いた地図も多い。**図2-15**は、「御城下惣絵図《ごじょうかそうえず》」（彦根城博物館蔵）と題する、天保七年（一八三六）に作製された彦根の城下絵図である。六分割の極めて大型の地図であるため、作製者等を記した「識語」も、右上の部分図と右下の部分図の二か所（右下の部分図では、右上から右下に続く）に、同じ文章と人名が記載されている。

写真は六枚の部分図を合成したものであるが、上方中央部が彦根城、上端が松原内湖《まつばらないこ》、左端が琵琶湖である。城下絵図の一般的特徴でもあるが、内濠に囲まれた彦根城内は、門や周囲の道以外、何も記入されていない。通常、城郭図は別途に作製されるからである。城下は、内濠と中濠の間、中濠と外濠の間、さらには外濠外に広がっている。矢守一彦氏は、このような形態を「内町外町型」と名づけた。

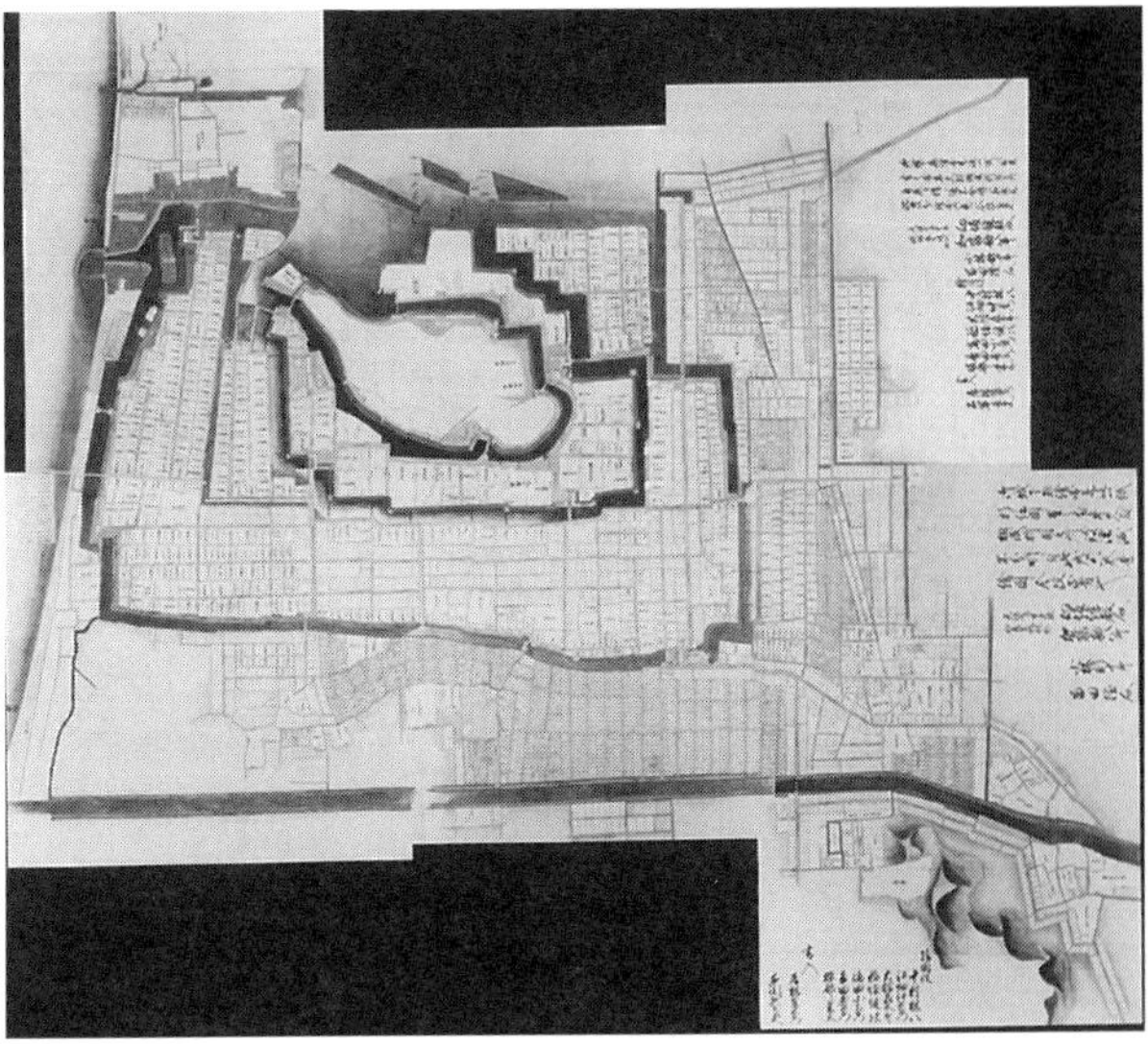

図 2-15 「(彦根)御城下惣絵図」

さて、内濠と中濠の間には、大きな区画の屋敷地が並び、屋敷名が標記されているが、これが藩主ならびに上級武士の居住地区である。上級武士の屋敷群は中濠の外側にもあるが、それらはほとんどが中濠沿いと琵琶湖側である。外濠沿いには、寺院名を記入した区画もある。

これらの武家屋敷群に比べて、中濠と外濠の間には短冊形の小さな区画の屋敷群が多い。彦根城南側の、ほぼ東西方向の二本の街路(本町《ほんまち》を通る道と上魚屋《かみうおや》町《まち》を通る道)沿いと、東側をほぼ南北方向に延びて、中濠と外濠間から外濠外へと向かう街路沿いなどに、やはり同じような小さな短冊形の区画が並んでいる。街路

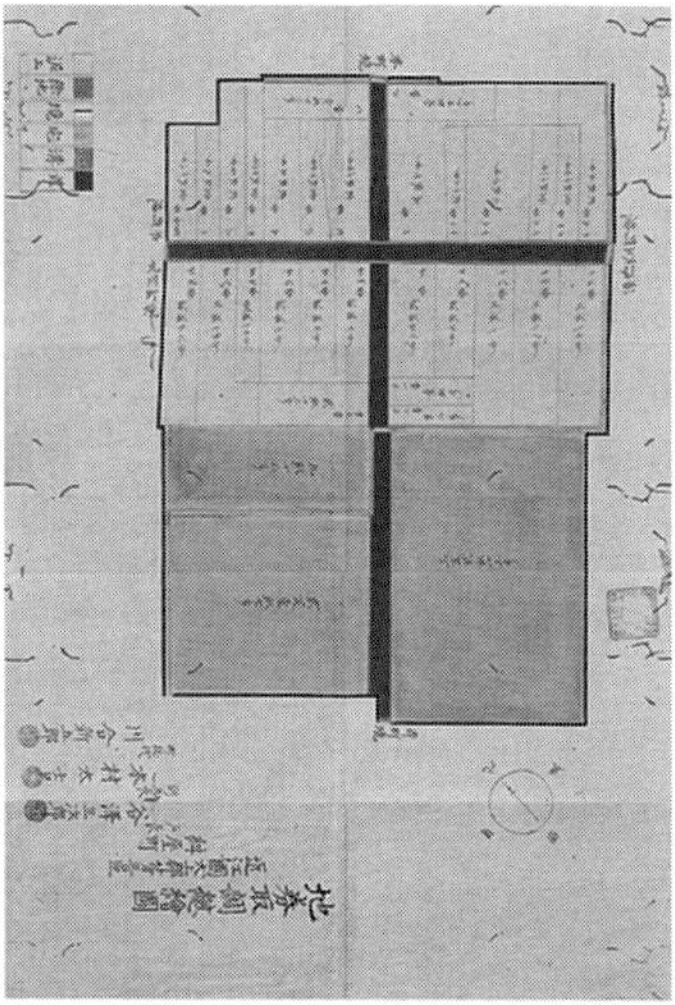

図 2-16　「近江国犬上郡第三区紺屋町地券取調総絵図」

に短辺を向けたこうした屋敷群は、基本的に町屋であり、居住者の標記はない。なお、外濠外の東端と南端付近には、これらとは形状の違う小区画があるが、下級武士の組屋敷群であったことが知られている。

町屋地区の地割について、少し詳細に見ていきたい。彦根の場合、このような町割は明治になっても大きな変化はなく、「地籍図」と総称される地図に詳細に表現されている。地籍図については次節で改めて述べるが、ここで先行して一例を取り上げてみたい。

彦根市街については、明治七年（一八七四）の「地《ち》券取調総絵図《けんとりしらべそうえず》」と題する地籍図が残されている。同図は多くの地区ごとの地籍図とともに、「犬上《いぬがみ》郡彦根町区分図」とセットで伝存している。地籍図は、例えば「近江国犬上郡第三区紺屋《こんや》町《まち》地券取調総絵図」（滋賀県立図書館蔵、**図2-16**）のように、町ごとに詳しく地筆を描き、色分けによって地目を示し、さらに地番と面積を記入している。区分図のほうは、彦根の旧市街地全体を一枚に描いたもので、市街を一〇区に色分けして示し、それぞれの地券取調総絵図が属する区の位置を示した索引図である。図2-16に描かれているのは、第三区を構成する六か町のうちの一つ、紺屋町である。紺屋町の北側で街路が直交し、そこから四方へ伸びている。北半部では、東西方向の街路(上魚屋町から東へ延びる)沿いに間口を向けた短冊状の区画が並んでいるのに対し、南半部は大きな方形の三区画からなっている。左上(西北隅)に色分けの凡例が示されているが、北半部は肌色に彩色されていて「宅」地とされ、南半部は黄色に彩色されていて「除地」となっている。また北半部の北と西には「本町境」、南半部の南には「寺町界」と標記されている。

つまり、北半部は本町に続く町屋地区であり、南半部は寺町に続く寺院区画であったことになろう。実は先に紹介した「御城下惣絵図」には、寺院名が記入されている。

城下の武家屋敷、町屋、寺院の配置については、一般に「縄張り」などと称された城下町全体の設計プランに基づいて建設されたことが知られるから、このような町割もまた、計画的な城下建設の一環であったのだろう。

多くの町屋が間口を東西街路に向けていることはすでに述べた。しかし図2-16を見ると、紺屋町では北側と中央に一、二列だけ、南北道に間口を向けた宅地もあることがわかる。

中心街路たる東西街路に間口を向けている多くの町屋にとっては、南北道はいわば横丁である。街路の交差部分に位置する町屋の場合でも、南北街路に接する側面には通用口などがあるにしても、決して正面ではない。しかし東西街路から離れた場所では、この横丁にしか間口を開くことができなかった宅地もあったということになる。

彦根城の南側一帯ではこのように、東西が町通り、南北が横丁であったとみられる。現在も下魚屋町などに、このような伝統的な町並みがよく遺存しており、「御城下惣絵図」や地籍図が表現している景観を、実際に見ることができる。

近世の絵図を二点取り上げたが、いずれも、町や村における土地利用状況を詳細に把握するという意図が反映されたものである。

5　近代初期の地籍図——さまざまに土地を利用する

いろいろな地籍図

前節で紹介した彦根の明治七年「地券取調総絵図」は、滋賀県に多い図名であるが、一般に「地租改正地引絵図」と呼ばれる地籍図に対応するものであったと考えられる。ただし実際には、それ以前に作製されていた「壬申《じんしん》地券《ちけん》地引《ちびき》絵図《えず》」の転用が多かったとされる。

明治初期の地籍図制度は、変更が極めて激しかったので、その概要を振り返っておきたい。

まず明治三年（一八七〇）、大蔵省は「田方《たがた》検見《けみ》規則」を布達し、「耕地絵図」の提出を規定した。これは、近世の検地に基づく絵図と基本的に同じような地図であった。耕地の各筆の形状が描かれ、面積・地目が記入されているが、地番は記入されていなかった。

翌明治四年一二月、明治政府はそれまでの武家地と町地の別を廃止し、土地所有権を認めて地券を発行し、地租を課すこととした（太政官布告）。これに伴って同五年から提出させたのが「壬申地券地引絵図」であり、これには地券の各筆と対応する地番を新しく設定し、記入している。

続く明治六年には地租改正法が施行され、地租改正事務局が設置された。これによって、土地の整理や筆界の確認、字（のちの小字）の画定などが進められた。その際、地番の新定（付け替え）などが必要となる例があった。その際に作製されたのが「地租改正地引絵図」である。

さらに、これらの作製が基本的に完了した後、明治一七年（一八八四）に「地租条例」が布告され、地《じ》押《おし》調査が始まった。地租賦課の基本資料として帳簿（「土地台帳」）と地図（「地押調査更正地図」）の整備が行われた。

ところがこれらとは別に、内務省は明治七年に「地籍編纂」事業を開始していた。これは官有地と民有地の各地目の区分をし、「地籍(帳)」の作製を指示したものであった。これには、地租改正事業が進行中であることを考慮した改変が加えられたが、「地籍地図」の調整を軸とする事業であった。

このように明治初期には、のちに多くのばあい地籍図と総称されることになる、何種類かの地図が作製された。ただし、それぞれの事業以前に作製されていた地籍図が問題ない場合、それを転用するのが普通であった。いずれの場合でも、太政官布告による地券発行以後、個々の地筆を表現して各筆にそれぞれ地番を記入したのが大きな特徴である。

これらは多くが、六〇〇分の一程度の大縮尺地図であった。基本的に、地目《ちもく》が色分けで表現され、面積・所有者などが記入されている。一筆一筆の測量に基づいて作製されたので、全体としてかなり正確な縮尺で表現されているものが多い。山地の中の谷の部分などでは、耕地の形状が不定形であるのに加えて測量誤差が蓄積し、不正確になっている場合も少なくなかったものの、平野部の水田地帯などでは正確である。

さらに、記入された地番によって土地台帳と対照することが可能であり、詳細な地目と土地所有者、さらにはそれらの変化が判明する。各地筆の分筆(二一-一番地などの枝番を付した)、あるいは他の地筆との合筆（複数番地の統合）があれば、それらの状況をも知ることができるのである。こうして地籍図は、全国的に作製されたということもあり、景観史の優れた資料の一つとなっている。

以下では、特徴ある地籍図を二つ取り上げてみよう。

図2-17　明治17年（1884）「尾張国丹羽郡野寄村地籍字分全図」（部分）

島畑——尾張国丹羽郡野寄村

図2-17は、「尾張国《おわりのくに》丹羽《にわ》郡《ぐん》野寄村《のよりむら》地籍《ちせき》字分全《あざぶんぜん》図《ず》」（愛知県公文書館蔵）と題する明治一七年（一八八四）の地籍図の東南端部分である。「地籍」の語が使用されていることから、先に述べた明治七年開始の「地籍編纂」事業によるものの可能性が高い。ただし、明治一七年には「地押調査更正地図」の作製も始まっており、これに関わるものである可能性もある。「地籍編纂」事業は、一連の地租改正事業の進行を考慮しつつ行

われたのであり、両者が一体的に進められた可能性を否定できない。

さて、字(小字)界線を太い点線、道を太い線(実際には赤線)で示し、細い線が地筆界、地筆界の中の細い点線が畔などの土地利用界、楕円で囲まれた文字が字名となる。

字界や道は多少屈曲しているが、基本的に東西または南北方向であり、全体としてほぼ方格状を呈している。方格内部の地筆の形状も基本的に東西方向または南北方向の長方形である。これは、すでに述べた古代の条里プランに由来する。ただし、工事単位や長年の変化の結果、それぞれの方格網の間に齟齬が生じていることが多い。この図の場合、複数の方格網の接点付近にあたることからそうした齟齬が見られ、全体として規則性は低い。

ほとんどの長方形の地筆には、一つ一つに「田」と標記されているので、水田地帯であったことが知られる。ところが、この地籍図で興味深いのは、それらの田の地筆の中にもう一つの地筆が表現されていて(独立した地番のないものもある)、しかもそれぞれ「畑」と標記されていることである。畑は、一筆の田の中央付近に描かれているものもあれば、地筆界に沿っているものもある。後者の場合、隣接の畑と地筆界を挟んで続いている場合が多い。

このような土地利用の様子は、別の言い方をすれば次のようになろう。全体としては条里プランに由来する方格地割が展開するが、長方形の水田のそれぞれに細長い畑がつくられている、という景観である。尾張地方ではこれを「島畑《しまばた》」と呼んでいる。水田の中に畑が島のように分布することを表現したものであろう。

尾張各地の実情を記した文政五年(一八二二)の『尾《お》張徇行記《わりじゅんこうき》』(樋《ひ》口好古《ぐちこうこ》撰)には、野寄村(現・愛知県岩倉市野寄町)と隣接する三ツ井村(現・愛知県一宮市丹陽《たんよう》町三ツ井)について、やはり島畑の多い状況を次のように説明している。

「一体地高ナル所故に用水カカリ(掛)ア(悪)シ、サレハ地《じ》下《さげ》ヲシタル田はヨク実ルト也」。つまり三ツ井村一帯は、土地が相対的に高くて水の便の悪い地域であるが、水田の地下げをして島畑を造成したところは、水掛《みずがかり》がよくなって稲がよく実る、というのである。この地方では島畑に野菜を栽培したり、桑を植えたりする場合が多かった。田と畑を同時に利用する、非常に集約的な土地利用であった。

また、この記述からは、すでに存在した田に改良を加えることで島畑が成立したという、景観変化の経緯をうかがい知ることもできる。

島畑は明らかに、洪水によって水田に流入した土砂を積み上げた、一種の災害復旧によってできあがったものである。この場合は、洪水以前に水掛がよかったかどうかは不明であるが、島畑の造成過程は、結果的に『尾張徇行記』の記述と同様となろう。このほか、自然堤防など

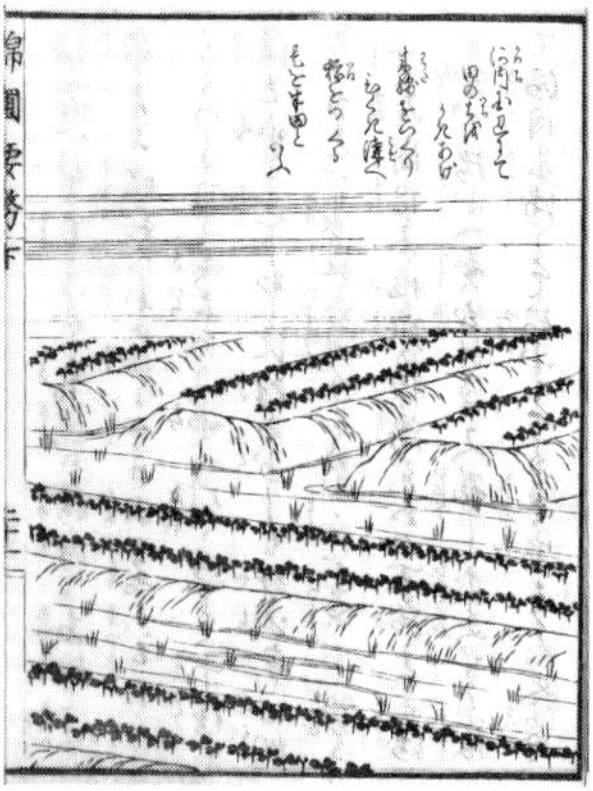

図2-18　「半田」(『棉圃要務』より)

の微高地に水田を切り開いて、一方に土砂を積み上げた場合などもあって、成因は多様である。

いずれにしろ、島畑は極めて集約的な土地利用である。また、尾張の平野部に広く展開しただけでなく、ほかの地域にも多かった。例えば近世の大阪平野の場合、同様の土地利用形態を「半田《はんだ》」と呼んでいた。天保四年(一八三三)刊の大蔵永常《おおくらながつね》『棉圃《めんぽ》要務《ようむ》』では、近畿・中国地方の綿作の状況や技術を解説し、挿絵入りでその造成の形状を説明している(図2-18)。洪水後の島畑造成の過程は、池島・福万寺《ふくまんじ》遺跡(大阪府東大阪市・八尾市)でも確認されている。近世に重要な換金作物であった綿作の基盤であった。しかしこうした土地利用は、極めて集約的である一方で機械化に対応しにくいこともあって、現在では著しく減少している。

ただし、作物を換えて残存している場合もある。例えば、京都盆地の木津川流域に現在でも残るものは「グロ」と呼ばれ、イチジク栽培の畑として利用されている。大都市近郊に特有の土地利用形態である。

棚田──恵那市中野方町

岐阜県恵那《えな》市北西部を流れる中野方《なかのほ》川は、木曽川北岸の支流である。その中野方川流域の谷間の地域は、かつての中野方村(現・恵那市中野方町)である。中野方町の西北部に小字坂折《さかおり》があり、小字の範囲が広いこともあって、単に坂折と呼ばれることが多い。**図2-19**は、明治七年(一八七四)「一筆絵図面」の字「坂折七百七十一」つまり小字坂折七七一番地の地籍図である。

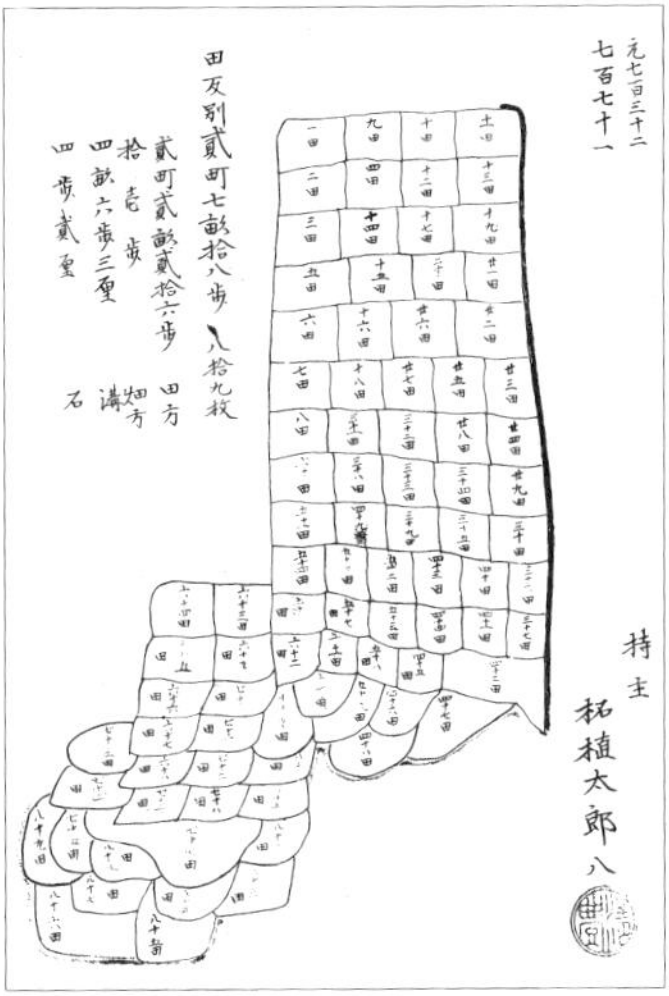

図2-19「一筆絵図面　坂折七百七十一」

作製時期と、地番が付されている点から見て、先に述べた「地租改正地引絵図」と呼ばれる地籍図の一種であろう。

同図に記載されているように「坂折七百七十一」は、「持主　柘植《つげ》太《た》郎八《ろうはち》」、面積二町七畝一八歩(二ヘクタール強)という大きな地筆である。左上の一から左下付近の八九に至る、合計八九枚、計二町三畝弱の田と、「畑、溝、石」四畝余か

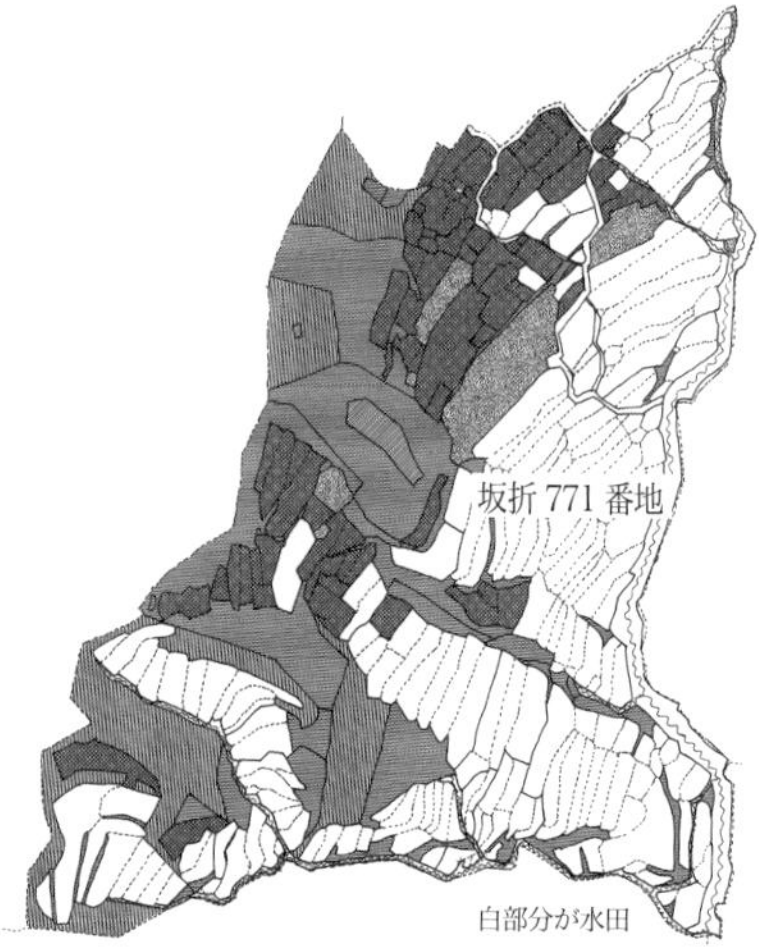

図 2-20　小字坂折の水田区画

らなっていた。つまり八九枚の田はそれぞれが分筆されているのではなく、畑その他とともに全体として七七一番地の一筆をなしている。

こうした大きな地筆として記載されている理由は、坂折が典型的な棚田地帯であることだろう。小面積の不整形な水田が、山麓の傾斜地に連続して展開していたのである。もともと、傾斜に沿って石積みの段がつくられ、一枚一枚の水田がつくられていたが、近年の圃場整備によってやや大きめの区画に改良された。水田一枚一枚の段差を支えていた石積みは、土の土羽《どは》に変えられた。

大きな区画になったとはいえ、平成二一年(二〇〇九)の調査時点でも坂折全体で**図2-20**のような状況であり、合計二〇〇枚以上の水田からなっている。東側が中野方川支流の坂折川、北側と西側が尾根である。**図2-20**に「坂折七七一番地」と記入したところが、**図2-19**の地筆の場所である。棚田は山の中腹から坂折川付近に至るまで、南北に長い、傾斜方向に直交する形状であり、全体として一〇段余からなっている。

図2-19でも、同じ段の左右に四―六の小さな区画が並んでおり、全体として上下にやはり十数段が描かれている。そして、同じ段に並ぶそうした小区画が、**図2-20**の一枚の水田にほぼ対応しているとみられ、小区画が、いわゆる「セマチ直し」によって統合されて一枚となったという経緯が推測できる。つまり近年の圃場整備以前にも、区画を統合して一枚の水田を大きくする作業が、所有者によって個別に行われていたのである。

図2-19の八九枚の棚田が形成された過程について、さらに次のような想定ができるだろう。すなわち、柘植太郎八ないしその祖先が山麓斜面を所有し、流下する川水ないし湧水を使って開拓を進め、その結果八九枚の棚田を形成した。明治初期の地租改正に伴って地筆と所有者を確定するに際しては、所有の単位によって全体を一筆とし、一枚一枚の棚田は土地利用界として表現して番号（枝番）を付した。このような開拓過程は、古老への聞き取りからも裏づけられ、類似の現象は坂折地域一帯で進行したであろうと推定される。

地籍図では確認できないが、この坂折七七一番地の棚田の石積みは素人が自然石でつくりあげたものとみられ、周辺でもそうした石積みが一般的であったという。とすれば、七七一番地以外でも、柘植太郎八ないしその子孫が造成に関わっていた可能性が高い。一方、同じ坂折川流域の斜面でも北方の棚田には、直線状の整然とした、しかも石材に表面加工を施した石積みがあり、酒屋と呼ばれた富裕な家の所有地であった。こちらは本職の石工《いしく》による石積みであることが知られ、素人による石積みとの違いは明瞭である。

地域によって田の形状や段の造成法などはさまざまであるが、棚田の景観は非常に特徴的であり、今でも日本各地に存在する。しかし、棚田は何といっても機械化が困難である。棚田オーナー制度など、維持するための試みがいろいろと行われてもいるが、棚田の耕作は大変な農作業であることと、農村地帯の人口減少と老齢化の進行により、現実には耕作放棄地となっている場合が多い。

第三章　景観史の画期を演じた人々とその舞台

1　古代の開拓者たち

生江臣東人――東大寺に引き継がれた長大な灌漑溝と墾田

天平神護二年（七六六）一〇月一九日、生江臣東人《いくえのおみあずまひと》は、二度にわたって東大寺の「田使僧」（荘園担当の僧）の呼び出しに応じることができなかったとして、職の辞任を申し出た。一度は神社の春の祭礼で酔い伏してしまい、またもう一度は病に臥して、参仕できなかった。これらのことから、東人自ら「遅鈍ならびに老衰」であると称している。

当時の東人は、正六位上の位階に叙せられており、また越前国足羽郡《あすわ》（現・福井県福井市）の大領《だいりょう》（郡司の長官）であった。この上中文書は正倉院文書（東南院文書）として伝存しており、『大日本古文書（編年）』五に収録されている。

東人は次に紹介するように、この五か条からなる「解《げ》」において、二か条で自らの事績を挙げ、つづく三か条で弁解を述べている。右に紹介した二度の失態は、そのうちの最終条で述べられているが、冒頭の第一・二条ではむしろ業績を誇っているのである。

一、東人は、郡司（大領）に任ぜられる前に、自らの負担によって溝（長さ二五〇〇丈〈約七四〇〇メートル〉ばかり、広さ六尺〈一・八メートル〉、深さ四尺以下三尺以上〈一・二メートル以下〇・九メートル以上〉）を開削し、それによって墾田を拓き、東大寺に寄進（「墾田壱百町」）した。

二、（東人が寄進した）一一八町の墾田について、いろいろな人物の（既存の）墾田とされているものと、東人の新しい墾田とが交じっているとして、田籍が造られて東大寺領とされた。しかし、東人が京に赴いて訴訟した結果、八町八段二七二歩だけが、寄進した墾田以外の混入したものであった。

三、栗川庄《くりかわのしょう》の田について、東大寺の役僧といろいろな人の間で相論があるが、東人の知るところではない。

四、宇治知麻呂《うじのちまろ》について、東大寺の役僧が東人に関わる人物だと申し立てているが、関係がない。

五、遅鈍ならびに老衰。

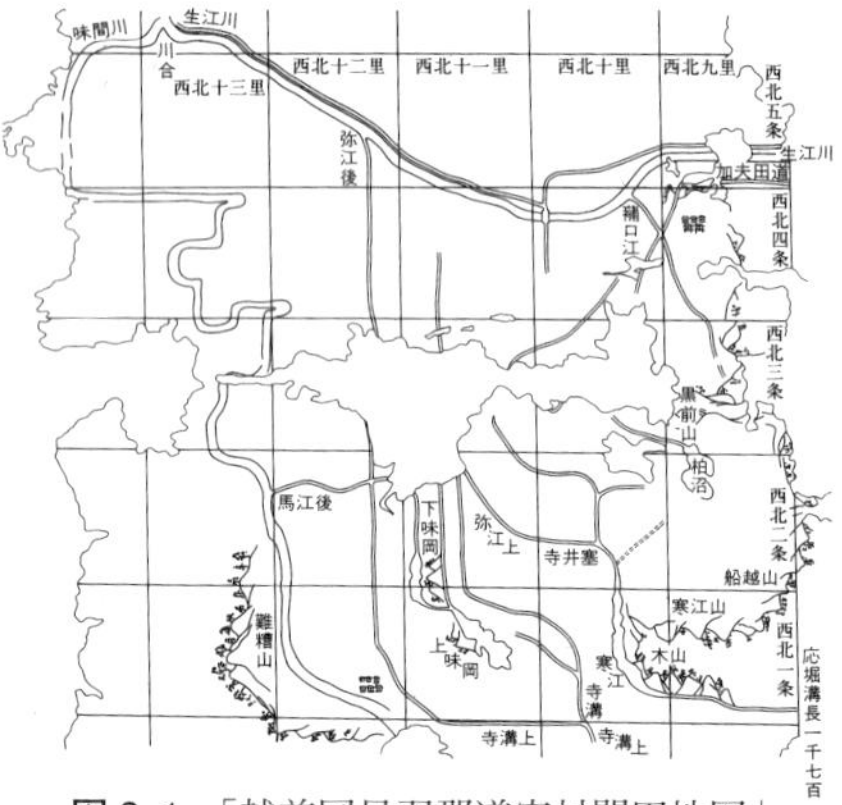

図 3-1　「越前国足羽郡道守村開田地図」（概要）

第一条に記された「溝」とは、天平神護二年の「越前国足羽郡道守村開田地図《ちもりむらかいでんちず》」（正倉院宝物、図3-1）にある「溝長一千七百（以下損滅）」をはじめ、何本もの「寺溝」として表現されているものと考えられる。東大寺への寄進田「壱百町」もまた、この地図に示されている寺田（損滅部を除いて確認できる面積は八〇町余）の基礎となったものと考えられる。

第二条に記載された一一八町という墾田面積がどの時点のことなのかは不明であるが、第一条の寄進田「壱百町」が足羽郡大領就任以前とされているから、それがこの面積に含まれているとすれば、墾田形成は東人が造東大寺《ぞうとうだいじ》司《し》史生《ししょう》（東大寺の建立にかかわる役所の役人）であった時期、天平二一年（七四九）頃と思われる。

すなわち東人は、墾田永年私財法が施行された天平一五年（七四三）以後、足羽郡大領に就任するまでの間に、多くの溝を開削し、その用水によって「壱百町」もの墾田を形成したことになる。この墾田は、東大寺に寄進されて道守村の基礎となり、村は遅くとも、東大寺と在地の郡司・百姓《ひゃくせい》との軋轢を東大寺が訴えた天平宝字五年（七六一）以前には成立していた。

この「道守村開田地図」には、東大寺墾田の地図でありながら、寺田以外の他の所有者についても標記されている。特に注目されるのは「田辺来女《たなべのくるめ》墾田」である（**図3-2**。図中に「田辺来墾」、「同来墾」とも）。田辺来女という女性が開発して名義人となっていた、とそのまま考えることは不自然と言わざるを得ない。しかも、同じ天平神護二年の「越前国司解」には、来女のこの墾田を「改正」（帳簿の名義変更）によって東大寺田としたことを、次のように記している。

右京四条一坊戸主従七位上上毛《かみつけ》野《の》公《きみ》奥麻《おくま》呂《ろ》の戸口田辺来女等、寺地を治開し、己が墾田と為す、（中略）没官《もっかん》す。

図 3-2　「越前国足羽郡道守村開田地図」（釈文，部分，田辺来女墾田等）

主旨は、平城京の右京四条一坊に本籍のある戸主、上毛野公奥麻呂と、その戸口の田辺来女らが寺の土地を開拓して自分の墾田としていたところ、（藤原仲麻呂《ふじわらのなかまろ》の乱の連座により、罪を得て）それを没収した、というのである。

ここに名の見える上毛野公奥麻呂とは、天平宝字三年（七五九）の「東大寺領越前国糞置《くそおき》村開田地図」（正倉院宝物）に「少目《しょうさかん》」として名が見られる人物である。奥麻呂は、「暇」（休暇中ないし辞職）とあって糞置村図に署名はしていないが、同図の時点では正式に任が解かれていなかったのであろう。少目は、守《かみ》・介《すけ》・掾《じょう》・目からなる四等官の最下級にあたる国司であり、国司としては、さらに下位に史生三人があったはずである。少目への就任がいつだったかは不明であるが、「暇」以前の七五〇年代であったことは確かである。

詳細は省くが、こうした状況の背景には、次のような経緯が想定できるだろう。

まず、奥麻呂は越前少目となって平城京から現地へ赴任した。時あたかも墾田永年私財法のもとで開発が推奨され、奥麻呂は開墾に励んだ。しかし同法によれば、国司着任中の墾田は離任後に返却せねばならない。そこで奥麻呂は、墾田を来女の名義とした。開墾そのものが来女の名義で行われた可能性も否定できないが、このほうが理解しやすい。

憶測が過ぎるとしても、この墾田形成が先に述べた生江臣東人の開拓と相前後する時期であることには注目しておきたい。つまり、同時期に複数の有力者が、現在の福井市足羽山西側低地の開拓を進めたことになる。

東大寺は天平神護三年「民部省符」に、来女の墾田を併合した理由として、「件《くだんの》来女田、寺地有傍」「地勢一院、溝堰同用」(その来女の田は寺地の傍《かたわ》らにあって、地形は一まとまりであり、同じ用水溝や井関をもちいている)と述べている。しかし、同じ用水をもちいているというのは、東人が溝を開削し墾田を拓いた当初からの状況であろうから、それを根拠に東大寺領に併合するのは一種の牽強付会であろう。

いずれにしろ、生江臣東人や上毛野公奥麻呂らが開拓に注力して、用水路を開き、荒地・湿地を耕地へと変えていったのであり、彼ら地方有力者が古代の文化景観をつくった主体であったことを物語っている。

礪波臣志留志——開拓によって異例の昇進を果たした地方豪族

墾田永年私財法施行からわずか数年後の天平一九年(七四七)に、「越中国人无(無)位礪波臣志留志米三千碩、奉盧舎那仏智識、並授外従五位下」(『続日本紀』)という記述がある。当時、無位の庶人であった礪波《となみの》(砺波、利波)臣《おみ》志留志《しるし》が、東大寺盧舎那仏《るしゃなぶつ》の造立に際して三〇〇〇碩《せき》(約一二〇〇石)もの大量の米を寄進したこと、それによっていきなり外従五位下の位階を得たことが知られる。

礪波臣志留志は、その一族が砺波郡の郡司を務める、地元の有力豪族礪波臣氏の一人であった。志留志の土地は、天平宝字三年(七五九)の「東大寺領越中国砺波郡伊加流伎《いかるぎ》開田地図」(正倉院宝物)において、東大寺領の伊加流伎村(現・砺波市権正寺《ごんしょうじ》・頼成《らんじょう》地区付近)の南側に「利波臣志留志地」と標記されている。この地は八年後の神護景雲元年(七六七)の「東大寺領越中国砺波郡井山《いやま》村墾田地図」(正倉院宝物)には井山村として表現されているから、志留志は自らが拓いた墾田を東大寺に寄進したことになる。

井山村は**図3-3**のように、砺波郡の東大寺領のうち、平野東端部の三か村の一番南側に位置していた。現在の庄川と東の芹谷野《せりだにの》丘陵との間に位置する、砺波市般若地区付近であったと考えられる。現在の庄川河道は一六世紀末の大洪水以後のものであり、それ以前の河道はさらに西方の千保川《せんぼがわ》跡と呼ばれる付近であった。八世紀の井山村付近は、砺波市三谷《みたに》付近から流れ出る谷内《やち》川の流域であったと考えられる。「井山村墾田地図」には川名の標記はないが、これに相当する河道とそこから分流する水流が描かれている。地図によれば井山村は、総面積一二〇町、見開(既墾の田)四七町余であった。

同図の北側には、「東大寺占野」と記されている。上述の東大寺領伊加流伎（伊加留岐）村のことであるが、「占野」とあるように未開地であった。また南側には、「蝮部千対《たじひべのせんつい》地」と記入されている。蝮部（『万葉集』にいう「多治比部」）氏は、やはり郡司を務める地元の有力豪族である。

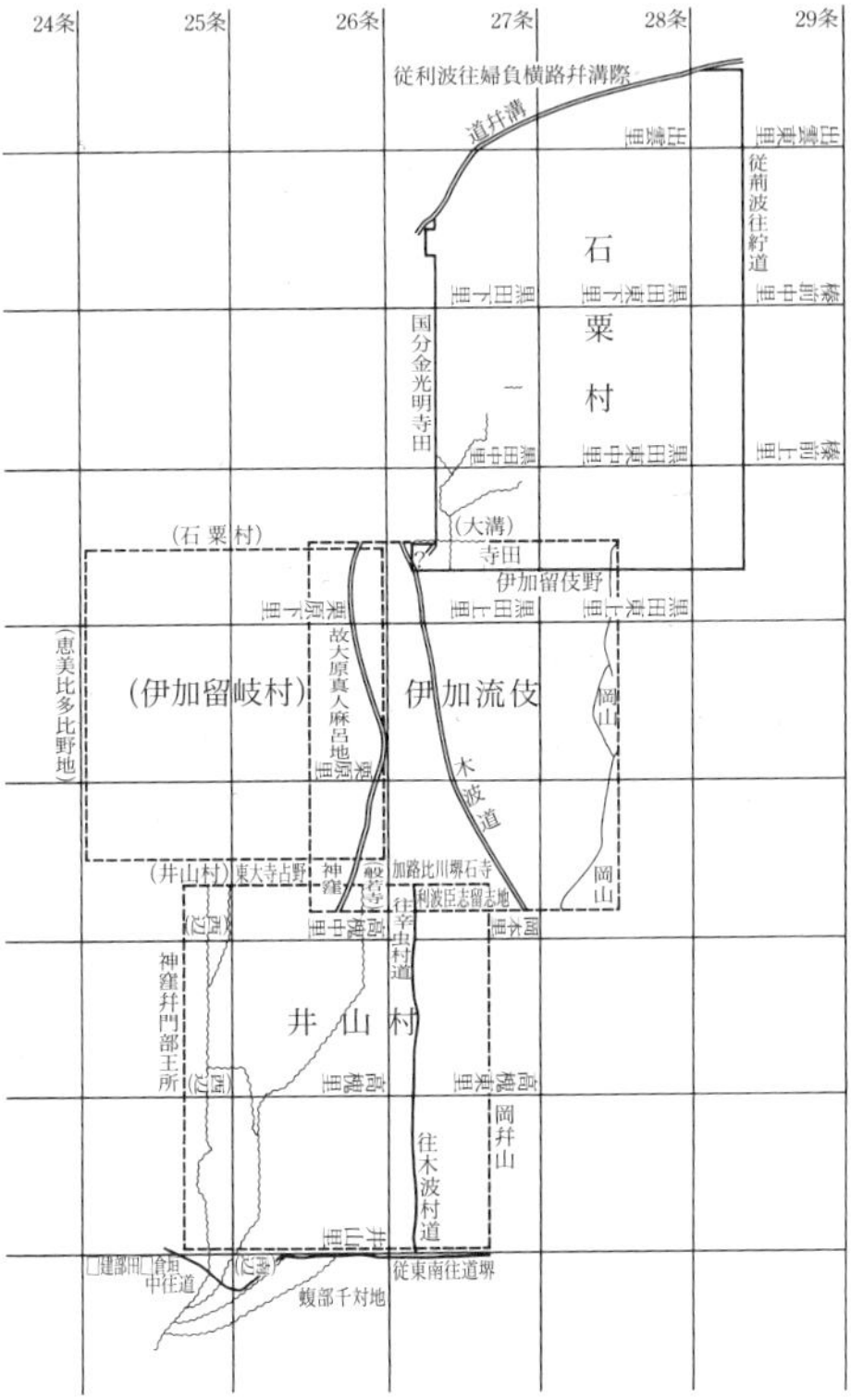

図 3-3　東大寺領越中国砺波郡三荘園の概要
(　)は伊加留岐村墾田地図の記載

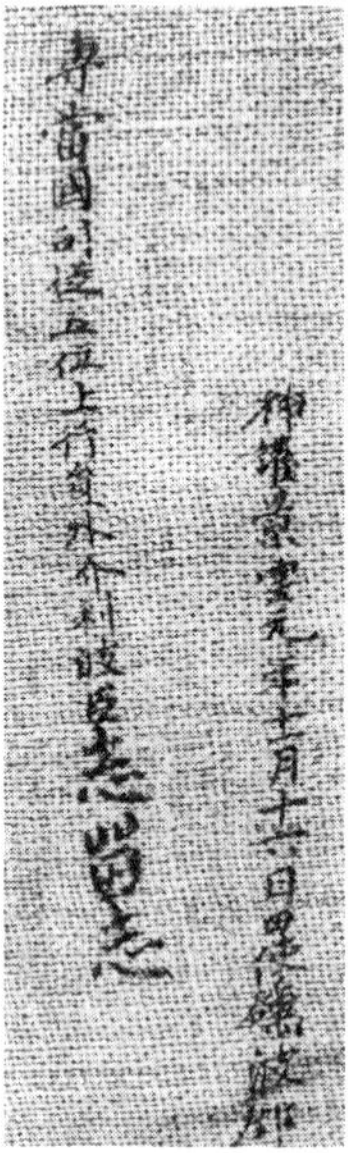

図3-4　礪波臣志留志の署名(「東大寺領越中国砺波郡井山村墾田地図」より)

礪波臣氏も蝮部氏も、いずれも地元豪族として、墾田永年私財法のもとで開拓にいそしんだのであろう。両者とも未開地であった場所を選んだのは、類似の理由であったと思われる。多少の起伏があるものの、谷内川の谷口に近くて水の便が良く、開墾に適した土地だったからである。このように、複数の開拓主体が共存している点は、すでに述べた越前国足羽郡道守村の場合と類似する。

志留志は、この広大な荘園を寄進した神護景雲元年、「専当国司従五位上行員外介利波臣志留志」として、同年の東大寺領井山村を含む一連の「墾田地図」(正倉院宝物)と称する地図に署名している(図3-4)。「員外」(定員以外)の国司であり、また「介」(次官)ではあるが、地方豪族が国司に就任し、東大寺領を担当する「専当国司」として活躍したのである。

志留志の署名はこうして、自身の開拓地であった井山村のみならず、神護景雲元年の砺波郡伊加留岐村・杵名蛭《きなひる》村、射水《いみず》郡須加《すか》村・鳴戸《なると》村・鹿田《しかだ》村、新川《にいかわ》郡大荊《おおやぶ》村などの多くの墾田地図にもみられる。これらの地図には、一部に間違いや問題が含まれているものの、越中国が中央政府の方針に沿って東大寺領荘園の土地の選定と設置に協力する過程で、志留志がその実務責任者として活動したことは間違いない。

『続日本紀』は、宝亀一〇年(七七九)に志留志が「伊賀守」となったことを記している。それ以上の記述はないが、伊賀国はいうまでもなく、大和国の東に接する畿内に近い「近国」であり、東大寺領伊賀国板蠅杣《いたばえのそま》(のちの黒田庄)などがあった。志留志はおそらく東大寺との強固な関係を維持して、やはり東大寺と関係の深い伊賀国の国司、しかも守(長官)へと昇進したわけである。

志留志のような郡司層は、基本的に地方豪族である。地方豪族は、地元有力者ではあっても他国で出世することは少ないのが普通である。しかしなかには、志留志のような転身の例もあったことになろう。この点では、地元郡司にとどまった上述の生江臣東人や、志留志と同じ砺波郡の蝮部氏とは大きく異なっている。

いずれにしても、生江臣東人や礪波臣志留志のように、古代において個人の事績が知られる例は多くない。特に八世紀において、未開地の開拓を進め景観の大きな転換に関わったこと、つまり景観形成を自ら演じたことが知られる人物として、特筆すべきである。

2　中世・近世初頭の都市を構想した人物

源頼朝——武家の都、鎌倉の建設

ＪＲ鎌倉駅の駅前広場を東へ越えると、ほどなく南北方向（正確には東北―南西）の広い道に出る。若宮大路《わかみやおおじ》と呼ばれる、北の鶴岡八幡宮《つるがおかはちまんぐう》と南の由比《ゆい》ヶ浜《はま》とを結ぶ直線道路である。鎌倉の中心街路であり、観光の中心でもある。したがって常時、多数の人と車が行きかう。

若宮大路の中央部には図3-5のような、車道より高くつくられた歩行者用の参道があり、「段葛《だんかずら》」と呼ばれている。これが若宮大路の大きな特徴であり、観光客など多くの人々がこの参道を利用する。

若宮大路の北端に位置する鶴岡八幡宮の南側には、この道と直交する東西道がある。西は、現在は迂回しているものの、もともと八幡宮の境内西側から巨福呂坂《こぶくろざか》を経て北西の大船方向へ向かい、東海道と合流した。東は、やはり境内東側から六浦道《むつらみち》（金沢街道）によって、これも本来は朝夷奈切通《あさいなきりどおし》を経て、三浦半島東岸の六浦（現・横浜市金沢区六浦）へと向かっていた。直線状で広い若宮大路と異なり、東西へ向かう道幅は狭い。

東への六浦道の場合、狭いうえに湾曲しているが、現在は路線バスが走り、鎌倉の主要な東西路の一つであることが知られる。六浦は鎌倉時代以前からの主要港であり、この東西道は当時からの幹線交通路を踏襲したものと考えられている。

この六浦道の北側で鶴岡八幡宮東方にあたる、鎌倉市雪ノ下地区北方の山麓には、源頼朝の

図 3-5 若宮大路の段葛と鶴岡八幡宮

図 3-6 雪ノ下地区北方の源頼朝の墓への街路

墓(現・西御門《にしみかど》二丁目)があり、そこへ向かう観光客も少なくない。雪ノ下地区の西部には、六浦道の屈曲点から北へ、源頼朝の墓付近に向けて**図3-6**のような狭い直線道が伸びている。

この雪ノ下地区一帯には、源頼朝が設置した初期の幕府があったことが知られている。治承四年(一一八〇)に設置されたこの幕府は、正確には頼朝の「大倉御所《おおくらごしょ》」と呼ばれ、侍所《さむらいどころ》も設置されて、のちの鎌倉幕府の原型となったことは、鎌倉幕府の正史にあたる『吾妻鏡《あずまかがみ》』にも記されている。ただしここでは、通称に従って大倉幕府と称する。その場所は六浦道の北側、源頼朝の墓が位置する山麓の南側にあたるとされている。

山村亜希『中世都市の空間構造』の復原によれば、大倉幕府の西には西門《にしもん》川が流れ、東には東門《ひがしもん》川の存在が推定されるという。**図3-6**の直線状の狭い道は、ほぼこの西門川の位置に相当することになる。現在、この大倉幕府推定域には住宅が密集し、地表ではその遺構を確認することができない。しかし明治時代に作製された地籍図によれば、推定域の北部一帯には、狭い水田が方格状に連なっている部分がみられる。このことから山村氏は、この水田群が、かつて屋敷群を画した濠跡ではなかったかと推定している。確認には発掘調査が必要であろうが、現在までのところなされていない。

頼朝は、大倉幕府を設置して二年後に若宮大路の建設を始めた。『吾妻鏡』は、寿永元年(一一八二）三月一五日条に次のように記載している。「鶴岳（岡）社頭より由比浦に至る、曲横を直し、詣往道を造る」。さらに「北条殿以下それぞれ土石を運ばるる云々」と説明する。

つまり、鶴岡八幡宮から由比ヶ浜に至る真っ直ぐな参道をつくり、これには北条時政以下の有力武士が土石の運搬にあたった、というのである。「由比浦に至る」とあるから、二の鳥居と八幡宮との間の段葛だけではなく、若宮大路全体をさしているのであろう。

『吾妻鏡』によれば、幕府機能は嘉禄元年（一二二五）には「新御所」（宇都宮辻子《うつのみやずし》幕府）に移り、さらに嘉禎二年（一二三六）に「御所」（若宮大路幕府）を建設したとされる。これらの位置を確定するには詳しい発掘調査が必要であろうが、宇都宮辻子とは、若宮大路の東側の小町大路との間の東西道であるから、嘉禄元年の「新御所」がこの付近に所在していたことは間違いない（現在、宇都宮稲荷神社がある）。嘉禎二年の「御所」のほうは、「若宮大路東」と記されているので、宇都宮辻子幕府からさらに西寄りの若宮大路近くへと移ったのであろう。

つまり幕府はまず、鶴岡八幡宮から東に向かう幹線交通路である六浦道沿いに設置され、そこから若宮大路の東の宇都宮辻子付近へと移り、さらにその西側の若宮大路沿いに移ったことになる。言い換えると幕府は、東西軸に沿った立地から次第に、新設された南北軸の若宮大路沿いの立地へと移動したことになる。これは同時に、鎌倉の都市構造自体が、東西軸から南北軸へと変化した過程でもあったとみることができる。

鎌倉の都市構造の変化の指標は、もとよりこれだけではない。例えば、周辺の小さな谷（谷《や》戸《と》と呼ばれる）に立地することの多かった武家屋敷が、やはり次第に平地の中心へと移り、また、周辺山麓に寺院の立地が多いことや、周囲の山を越える切通しの構築など、他にもいくつもの特徴がみられる。

しかし、中心街路や幕府の移動が、鎌倉の都市構造の変化の過程をもっとも雄弁に物語ることは確かであろう。そしてその起源には、頼朝による計画的な若宮大路建設があり、鶴岡八幡宮と若宮大路を軸とする都市構想があったとみてよいであろう。

豊臣秀吉――京の御土居はなぜ建設されたか

京都市街の北西へと延びる住宅地の奥に、**図3-7**のような木立に囲まれた高まりがあり、石段によって上へと登ることができる。登ってみると、その高まりは南北に長く続いていることがわかる。堤防のようにも見えるが、それを必要とする大きな河川も見当たらない。この高まりには**図3-8**のような散策路がつくられ、途中に「史蹟　御土居《おどい》」と彫られた石碑が建っている。

このような高まりが史跡であるとはいかなる理由によるのか、という疑問がわく。実はこの御土居とは、豊臣秀吉が建設した、当時の京都市街を取り巻く土塁であった。

図3-7の部分は、現在の京都市北区衣笠《きぬがさ》の北東端付近であり、北区鷹峯《たかがみね》との境界に近い場所である。この場所は西側に紙屋川の谷を望む位置でもある。御土居は紙屋川の東側を南へと続き、北野天満宮の西側付近までは、基本的に紙屋川に沿った緩やかな曲線であった。その南

図 3-7　京都市街西北隅，住宅地近くの土塁

図 3-8　御土居の遺構と石碑

図3-9　御土居の遺構と御土居跡の家並み

の、現在ＪＲ山陰線が通っている付近でいったん西側へ突出した後、大きく直角に屈曲しつつ南へと続き、南端は東寺の西側に至る。

これに続く御土居の南辺は、西側の東寺付近では九条通あたり、東側はＪＲ京都駅あたりに位置していた（第一章図1-3参照）。

逆にこの写真の位置から北へは、やはり紙屋川沿いに伸びて鷹峯旧土居町に至った。そこからほぼ直角に方向を変え、北区大宮土居町を経て東北東へ直行して賀茂川西岸に達した。この「土居町」という地名もその位置を伝えているが、旧土居町や堀川通西側には、現在も御土居の遺構とされる土塁の痕跡（図3-9）が残されている。

さらに御土居の東辺は、賀茂川・鴨川に沿ってなだらかな曲線を描く形で構築された。現在の賀茂川・鴨川の西側堤防より一〇〇メートルほど西に位置し、現在の河原町通の西側付近にあたる。

御土居については、建設の目的や工事の速さなどについて、当時から不思議だと思われていたようである。例えば近衛《このえ》信尹《のぶただ》は天正二〇年(一五九二)頃、自身の記録である『古今聴観《ここんちょうかん》』(のちに『三藐院記《さんみゃくいんき》』として知られる)に、「天正十九年 壬《みずのえ》 正月ヨリ、洛外ニ堀ヲホラセラル、竹ヲウヘラルル事モ一時也、二月ニ過半成就也、十ノ口アリト也」と記している。

ここでは、信尹が御土居を「堀」と表現していることに注目したい。御土居は濠を伴っていたのである。すくなくとも信尹はそのように認識していたのであろう。御土居は、天正一九年(一五九一)正月から二月のわずか二か月でほぼ完成をみたこと、濠と、竹を植えた土手部分からなっていたことを、まず記している。

信尹はさらに、「十ノ口」があったとも記している。後世には、御土居内から周囲へ伸びる街道への出入り口は「京の七口《ななくち》」と総称されるようになるが、西北隅の長坂《ながさか》口、東側の鞍馬《くらま》口、大原口(今出川口)、荒神口(志賀道口)、粟田口、伏見口、南の竹田口、東寺口(鳥羽口)、西南の丹波口などがあり、実際には七か所とは限らない。

秀吉が御土居を建設した意図はいろいろと推測されている。賀茂川・鴨川の洪水から市街を守る輪中堤《わじゅうてい》の役割、防衛目的などが代表的な説である。竹を植えた土手は確かに堤防を想起させるし、濠を伴った土手は防御に向いた構造である。

ただし近世には、御土居は単に「封境《さかい》」と表現され、鴨川の堤防の機能はのちに付加されたものとの認識があったようである。例えば、安永八年（一七七九）刊の『袖珍都細見之図《しゅうちんみやこさいけんのず》』と称する、全長八メートルもある長大な折本の観光地図には、次のように記されている。

「慶長の初、京都の四方、小高く土堤《どて》を築き竹を植へ、四至《しいし》之封境《さかい》となす、近世寛文年中限り、賀茂川西、新な石壁を築き堤防となしたまふ」。

土手の上に竹を植えたという景観は近衛信尹の記録と同様である。ただし、鴨川西岸に堤防として石垣（現在の西石垣《さいせき》通・先斗《ぽんと》町付近）を構築したのが寛文年間（一六六一―一六七三）であった、と記している。

一方、濠を伴った御土居とともに、市街の東側に寺院を移転して並べた寺町《てらまち》がつくられたのも、秀吉の手によってである。これは、のちの城下町に多い配置のパターンであり、やはり防御機能を彷彿とさせる。

足利健亮『地理から見た信長・秀吉・家康の戦略』は、御土居の西辺部分において、西北隅の長坂口と南の丹波口の間には出入り口がまったくないことに注目している。かつて織田信長が、明智光秀によって西から攻められたことを考慮し、西側の防衛を強く意識したものと、足利氏は考えているのである。

京都が八世紀末に、碁盤目状の街路と方形の外形からなる平安京として建設されたことは周知のところである。その後右京が廃れて左京に中心が移り、さらに鴨川の東にも、院政や平氏の拠点が増設され、また、鎌倉幕府の拠点六波羅《ろくはら》探題《たんだい》などが形成された。さらに有力寺社の周辺にそれぞれの町が発達した。中世の戦乱、とりわけ応仁の乱では、戦火によって上京と下京という二つの市街の形にまとまり、両市街を室町通がつなぐような状況となったことも先に述べた。

その上京と下京との間の市街の途切れた部分に、織田信長による将軍足利義昭の二条邸が建設され、さらにその近くに、豊臣秀吉によって聚楽第が建設された。

この聚楽第そのものが、近世に「聚楽城」と称されたことからも知られるように、濠に取り囲まれた城郭の機能を強く有していた。秀吉の直臣、駒井《こまい》重勝《しげかつ》の同時代の記録である『駒井日記』には、「聚楽柵木通間数」を一〇二一間（約一八五六メートル）と記している。つまり聚楽第は、周囲一八五六メートルであったことになり、その外側に幅三〇メートルを超す濠が取り巻いていたことが、発掘調査で確認されている。

御土居もまた、先の足利氏の推定のように、聚楽第を中心とした京都の防御を強く意識したものであったと理解すべきであろう。

豊臣秀吉はこうして、御土居や聚楽第・寺町などの建設によって、京都の都市構造を城下町のように改変したと言ってもよい。御土居は、その構想と実態を物語る、いわば物言わぬ証人ともいえる景観である。

3 近世の町づくり村づくりの推進者

徳川家康——巨大都市江戸は日本橋の設置から始まった

JR東京駅から北北東に一〇分ほど歩くと、有名な日本橋がある。図3-10のように石造りの欄干に加え、鋳造の獅子や燈籠を備えた立派な橋であり、平成一一年(一九九九)に国指定の重要文化財となった。日本橋は、西から東へと流れる日本橋川に架かっていて、やや下流には江戸橋がある。ただし、川面は続いているものの、日本橋川や日本橋は、昭和三八年(一九六三)に建設された首都高速道路の高架下となってしまっている。

日本橋川のように、近世以来の城下の濠や川が、近代以降に埋め立てられて道路となったり、そのまま残されていても上に高速道路が建設されたりした例は極めて多い。濠や川が本来果たしていた防御・水運機能を必要としなくなったこと、またそれらが市街地のなかに連続して存在する貴重な公有地であって、買収の必要がなく、新しい道路建設が容易であったこと、などが主たる要因である。

日本橋川は江戸城の外濠に相当する川であるが、その北側にも城下の町屋や武家屋敷群が広がり、神田川畔に達する。神田川を越えてさらに市街は広がっていたが、日本橋に戻ってその位置を眺めてみたい。

図3-10　日本橋

図3-11　日本橋北詰から南東を見る

日本橋から南東の橋畔を望むと、図3-11のように左に野村證券の古風なビルが見える。写真中央に見える中央通りを、手前の北方向に進めば、日本橋三越本店がある。そのさらに北側には三井本館(三井住友銀行など)がある。江戸幕府の金座《きんざ》がおかれていた場所で、この一帯がかつての三井家の一大事業拠点であった。さらにその西方には、日本銀行本店がある。つまり日本橋の橋詰一帯は、もともと江戸の金融・商業などの中心地であり、現在でもその機能は変わらず続いているのである。

三井本館の地は、延宝元年(一六七三)、伊勢松阪出身の三井《みつい》高利《たかとし》が呉服店「越後屋」を開業したところである。屋号は、三井家の祖先が越後守を名乗る武士であったことによるという。さらに三越の名称は、三井の「三」と越後の「越」にちなみ、明治三七年(一九〇四)に付けられたという。

さて初代の日本橋そのものは、徳川家康による江戸城・城下建設計画の一つの拠点で、家康の街道整備構想に際して、慶長八年(一六〇三)に架橋されたものであった。翌年には、ここが南へ向かう東海道、北へ向かう中山道、日光街道(先は奥州街道)、西へ向かう甲州街道など、五街道の起点と定められた。いわば、江戸を全国の中心とする構想の起点であったといってよいであろう。明治六年(一八七三)には「里程元標」、明治四四年(一九一一)に「東京市道路元標」とされ、改修に伴って現在「日本国道路元標」とされている。

初代の日本橋は、木造の太鼓橋であったという。江戸初期の三浦茂正《みうらしげまさ》『慶長見聞集《けいちょうけんもんしゅう》』によれば、元和四年(一六一八)には、長さ三七間四尺余(約六八メートル)、幅四間二尺余(約八メートル)の橋に改修されたという。ただし、明暦三年(一六五七)の大火(いわゆる振袖火事《ふりそでかじ》)の折をはじめ、しばしば焼失と再建を繰り返した。

大火の多かった江戸では、町屋や武家屋敷の位置も一定しないことがしばしばであったが、日本橋周辺は一貫して商業・金融の中心であった。例えば日本橋から北へ向かう街道沿いには、**図3-12**のように室町などの多くの町屋地区が描かれ、幕末の江戸切絵図においても同様である。

図 3-12　元禄 3 年(1690)「江戸御大絵図」(部分，林吉永版)

また日本橋から江戸橋一帯にかけては、魚河岸があった。この魚河岸は、大正一二年(一九二三)の関東大震災を期に築地へと移転するまで、三〇〇年以上の長きにわたって江戸の中心的な魚市場であった。日本橋一帯は金融・商業の中心にとどまらず、日本橋川沿いの魚河岸とともに、江戸の流通活動の中心であったことは多くの資料が物語っている。

近代に入って明治五年(一八七二)には、日本橋はまたしても改築された。この時にはその日本橋魚河岸の魚問屋組合が主力で、資金源となった。その後、肥後国の石工橋本勘五郎《はしもとかんごろう》の手で、つまり肥後の石橋建設技術によって石橋とされたという。

こうして日本橋は、家康の江戸入部直後から交通体系の起点として、ついで商業・金融の中心として、江戸社会の核であり続けた。

現在の二連アーチの石橋は、明治四四年に建設されたものである。日本橋川上の高速道路は現在、移設の方向で話し合いが進められている。日本橋の景観をもとに戻すことを目的とした議論である。

柳沢吉保——武蔵野台地を新田に変えた開拓

西武鉄道の池袋線ないし新宿線に乗って、埼玉県の所沢駅に向かい、同駅で下車して北西に向かうと、上富《かみとめ》(入間郡三芳町)、中富《なかとみ》、下富《しもとみ》(ともに所沢市)という集落がある。

図3-13は、そのうちの中富の集落の景観である。東北東―西南西方向の、片側一車線の狭い幅しかない道路の両側に、点々と家並みが見られる。さまざまな業種やアパート風の建物もあるが、もともとはすべてが、また現在でも多くは伝統的な農家と見られる。しかも家々は樹木に囲まれていて、普通の市街地にしばしば見られるように、家が直接道路に面し、軒を接し

て連続しているわけではない。道路側の庭を挟んで、そのうしろに建てられているのである。しかも、樹木は道路側でも繁茂しているが、屋敷の背後はさらに多い。樹木は、武蔵野の洪積台地に一般的に見られる広葉樹が多い。図3-14は、屋敷の背後の樹木であり、鬱蒼とした林相となっている。付近ではこのような状況が一般的である。

しかも樹木に囲まれた屋敷と屋敷の間には、この写真に見えるように、表の道路と直交して、

図3-13　中富の中心道路

図3-14　中富の屋敷間の道

図3-15　中富の屋敷背後の畑地

しばしば細い道が通っている。この細い道は驚いたことに、背後へとさらに伸びて、図3-15のようになっている。

つまり、道路沿いに庭が並んだ農家の屋敷地内で、屋敷に続いてまた間口と同じ幅の林があり、さらにその背後にも同じ幅の畑が続いているのである。中富の場合その長さは、道の東南側で約五〇〇メートルに及び、西北側ではなんと一キロメートルに近い。あまりに長い地筆なので、図3-15のようにほぼ矩形の単位ごとに、別々の作物が栽培されている。この場合には、収穫直後の部分、収穫後に次の作物に向けて耕された部分、野菜を栽培中の部分、茶畑の部分などにわかれている。このような特徴のある形状の地筆や集落がどうして成立したのかは、極めて興味深いところである。

この地域は先に述べたように武蔵野の洪積台地上にあるが、埼玉県指定文化財(届出制の「旧跡」)「三富《さんとみ》開拓地割遺跡」として、昭和三七年(一九六二)に指定された。中富を訪れると、集落の西南端に近い部分にその説明板が立てられている。ここには中富民俗資料館もあって、かつて使われていた生活用具・農具・製茶道具・衣類などが収集・展示されている。

文化財の名称に示されているように、この地区は開拓当初の地割形態がよく残っているところであり、先に述べたような特徴的な地筆もその反映である。

元禄七年（一六九四）、側用人柳沢吉保《やなぎさわよしやす》は七万二〇〇〇石に加増され、川越藩主となった（同年に老中格となる）。もともと中富などの地は、「秣場《まぐさば》」としての入会地であり、周辺十数か村の間で境界相論が続いていたが、この年、幕府評定所において川越藩領と裁定された。そこで吉保は、家老曽根《そね》権太夫《ごんだゆう》貞刻《さだとき》に命じて、すぐに開拓に着手した。このころは、武蔵野台地全体としても、さらに全国規模でも新田開発が大きく進行した時期であった。

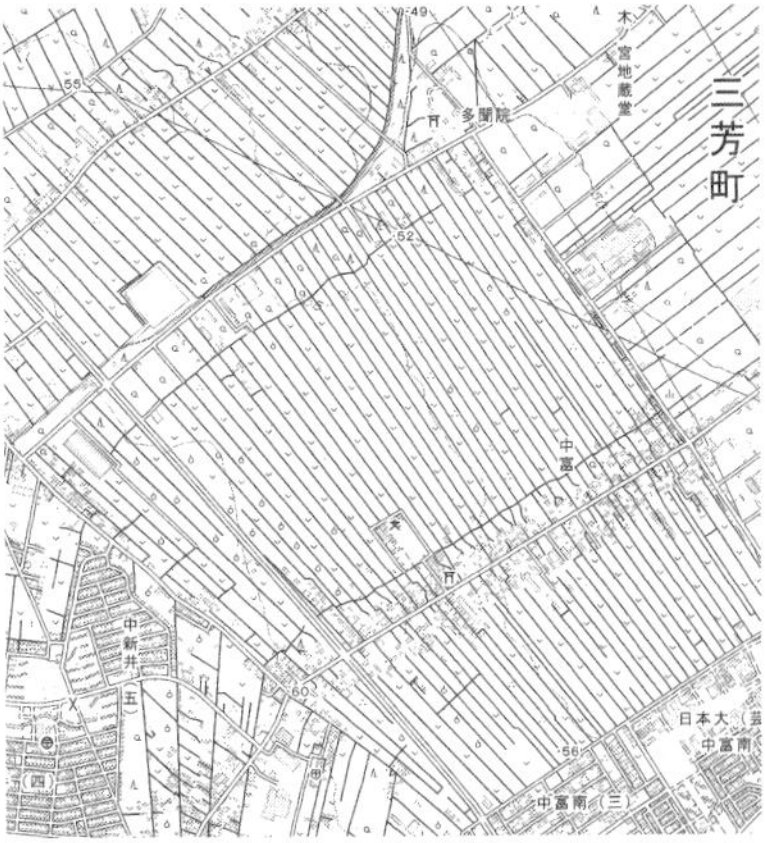

図 3-16　三富新田（中富）の地割形態
（2 万 5 千分の 1 地形図「所沢」より）

開拓に際しては、まず幅六間（一〇メートル強）の道路をつくり、その両側に入植者を配置した。一戸当たりに約五町（約五ヘクタール）の短冊形（間口四〇間〔約七二メートル〕、奥行三七五間〔約六七五メートル〕）の長大な開拓用地を分配した。

同年五月に開拓地の検地が行われ、上富（六三戸）・中富（四〇戸）・下富（四九戸）の三村が成立した。三富とは、この三村の総称である。中富には、近くの亀久保村から喜平次が入植して名主となったという。

元禄九年(一六九六)の検地によると、中富村は、上畑二二町六段弱(一一%弱)、中畑三〇町余(一四・五%)、下畑八四町弱(四〇%弱)、下々畑七三町弱(三五%弱)、屋敷二町(一戸あたり五畝、五〇〇平方メートル弱)であった。水田は全く存在せず、下畑・下々畑が多かったことがわかる。また、約四キロメートルも離れた柳瀬川から用水を引かねばならず、飲料水には三つの共同井戸を使用したという。中富を含む三富新田は五年間免租とされ、元禄一三年に納租を開始した。

屋敷地に植えられた樹木は、もともとは家庭用燃料として不可欠なものであった。また、洪積台地上の農地は水田化が困難で必然的に畑となり、さらに畑の肥料用の採草地が必要であった。三富新田では、五町の分配面積の半分弱が畑、残りが屋敷、採草地などであった。

短冊形の長大な地筆は新田開拓の結果生みだされたものであるが、もともとの地筆の幅は七〇メートル余であったから、現在の地筆は、その半分ないし三分の一ということになる。開拓以来三〇〇年ほどの間に、資産としての畑地が、相続・売却などによって分割された結果であろう。しかしそれ以下に分割されなかったのは、畑作農業の自律的経営のためにこれが必要最低限の面積であったのかもしれない。

こうして三富新田は、森林が卓越していた台地上の自然景観が、計画的に開拓されて文化景観へと変貌し、相続等によって分割されつつも基本的な形状を残しているという、景観史の好例となっている。

近世における藩営の新田開発の例は多い。しかし、三富新田の場合、武蔵野のような台地上の畑地開拓の特徴がよくあらわれている。京都府宇治市の大久保新田(JR奈良線新田《しんでん》駅付近)など、国内の台地開拓の一部に類似の方式が導入された例もある。また興味深いことに、このような村落は、ドイツ東部などの林地の開拓によって成立した「林地村」とも類似する。規模や土地利用は異なるが、同じような農家の配置と地筆の形状が見られるのである。

三富新田の地割計画に、柳沢吉保自らが直接関与したとの史料があるわけではない。しかし、その計画には当然のことながら、いずれかの段階で藩主の認可を受けていたであろう。

4　近代の入植や技術を推進した人々

柳本通義と新十津川村への移住者——北海道開拓

札幌から北北東へ七〇キロメートルほど行ったところに、樺戸《かばと》郡新十津川《しんとつかわ》町がある。現在の人口は六〇〇〇人ほど、北から南に流れる石狩川の右岸(西岸)で、西から石狩川に流入する徳《とっ》富《ぷ》川の流域に位置する町である。両河川の合流点付近がアイヌ語でトックプトと呼ばれていた

図3-17　新十津川町西南部の農家と農地

ことから、かつてこの一帯はトック原野と称された。徳富川の名もそれに由来するという。

　町の中心市街は両河川の合流点付近の南側にあるが、その西南側一帯は標高二五―二六メートルほどの平地であり、農家が点在する農村地帯である。さらにその西側には、標高五〇―一〇〇メートルほどの台地が広がっている。

　この農村地帯には碁盤目状に直線の道路が展開している。道路の間隔は約五四〇メートルであり、道路で区切られた方格の規模は平安京の坊に由来する街区(一辺約五〇〇メートル)よりやや大きく、本州各地の平野に展開した条里地割の里に由来する区画(一辺約六五四メートル)よりやや小さい。

　中心市街の西南に広がる平地一帯では、徳富川南岸近くの東西方向の道路が「南一号線」とされ、南へと順に番号が進む形で、東西道に番号が付されている。**図3-17**の右端の東西道が「南九号線」であり、それと直交する南北道沿いには農家が点在している。一本北側の東西道「南八号線」までの間に見えるのは、三軒の農家だ。

付近一帯では、このような形で農家が分布する景観が一般的である。厳密に三軒ずつではないところもあるが、やはり一定の間隔を置いて三軒分布する場合が圧倒的に多い。また、ほとんどの農家が南北道沿いであり、東西道沿いには極めて少ないことに気がつく。何らかの理由がないと、このような状況は出現しない。

どうしてこのような農村景観が出現したのかを知るためには、新十津川町の中心市街にある新十津川町開拓記念館を訪れるのがよい。この記念館にはさまざまな展示があって、この町の由来やかつての生活の様相が知られるが、まず目を引くのが新十津川という名称である。

奈良県吉野郡十津川郷の人々が明治二三年(一八九〇)に入植してできたのが、新十津川町の前身である新十津川村であったという。十津川郷とは、奈良県南部を南へ流れる熊野川流域において、上流沿いの山間にある六か村からなる地域をいう。歴史的には、幕末(文久三年〈一八六三〉)の天誅《てんちゅう》騒動における十津川郷士の動向が知られている。

この地域は明治二二年(一八八九)八月、集中豪雨によって大きな被害を受けた。死者一六八人、負傷者二〇人、家屋の流失全半壊六一〇戸という大災害である。さらに、水田の約半分、畑の二割が流出し、山林の被害も甚大であったという。

森秀太郎《もりひでたろう》氏の懐旧録(『懐旧録　十津川移民』)によれば、十津川出身の官公吏や有志はさっそく移住の可能性を検討し、当時の郡役所と十津川役場において、北海道移住の方針が決まった。誰が移住するのか、また移住先がどのような土地かなど、決まっていないことやわからないことが多いまま、郡役所では当時の総戸数の約半数にあたる六〇〇戸の移住を決めたという。森氏もその一人であった。村によって経路は異なったが、移住者はまず大阪ないし堺へ向かった。荷物は一個六貫目(約二二キログラム)以内、一戸当たり六個まで、役場からの支度金が一戸当たり三円三六銭であったという。

さらに森氏の懐旧録によれば、北海道入植の旅程は次のようであった。一〇月一八日に出発し、途中高野山、大阪、神戸などで宿泊を重ね、二四日に貨物船で神戸を出港、二八日に小樽港へ到着。石狩川左岸、現在の砂川市の一画である空知太《そらちぶと》において、建設中の屯田兵村の兵屋一軒につき四家族ずつの同居となった。一人畳一枚の広さであった。そこで冬を過ごし、翌年春にいよいよトック原野への入植となったが、途中で屯田兵に志願をした者が九三人にのぼった。

いよいよ対岸の入植予定地に渡ろうという時、雪解け水で石狩川が氾濫し、一面が洪水となった。豪雨被害のせいで故郷を離れ、新天地を求めてきた人々にとって洪水は大きな問題であ

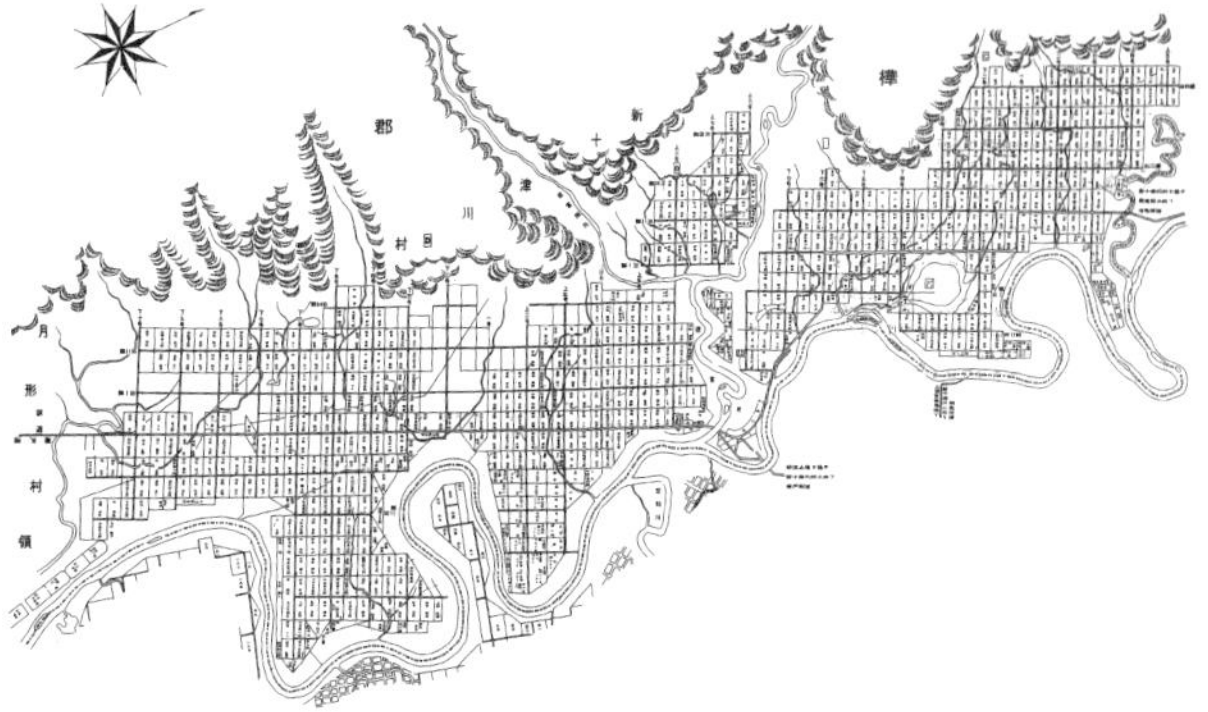

図3-18　トック原野の入植計画

り、入植地の変更を申し出たという。しかし、洪水が起きる土地こそ肥沃であると、北海道庁が選定した技師(後述の柳本通義《やなぎもとみちよし》か)から説得を受けたという。

この時期の北海道では、まず開拓使、ついで函館・札幌・根室三県の時期を経て、明治一九年(一八八六)に北海道庁が設置されていた。北海道庁では、屯田兵村の設置と殖民地選定事業を進め、柳本通義技師らによって、明治二二年一一月二六日にはトック原野の土地区画設定が開始されていた(図3-18)。十津川郷から移住者が入植する直前のことである。

各区画の割り当てはくじ引きによって決定された。なかには割り当て地の交替がなされた場合もあったが、このように入植地が決まって、開拓が進められたのである。翌明治二三年一月一五日には、北海道庁令第一号によって新十津川村が成立し、二八日には新十津川村戸長役場が設置された。

三〇〇間（約五四〇メートル）ごとの間隔で直線道路が計画され、ほぼ南北の樺戸《かばと》道《みち》から山側へ山一線、山二線、石狩川側へは同様に川一線、川二線と称した。また、これらと直交する東西の直線道を一号とし、南半中央部から北へ順に、上二号、上三号、南へ同じ一号から、下二号、下三号といった呼び方をすることとしていた。

これらの道路は八間幅（約一四・四メートル）であった。上述の碁盤目状の直線道は、この計画に由来するものであり、五四〇メートルという間隔もまた、この計画の三〇〇間に由来する。南九号線は少し拡幅されているが、北側の南八号線とともに、位置と形状はこの計画のままである。ただし呼称は異なり、南九号線は当初の計画道路の下二号、南八号線は一号にあたる。

三〇〇間四方の区画は東西に二等分、南北に三等分され、一区画が東西一五〇間（約二七〇メートル）、南北一〇〇間（約一八〇メートル）、面積五町（約五ヘクタール）であった。この区画が一戸の割り当て面積であるが、先に述べた三富新田の割り当て面積と同一であることは興味深い。この区画の形状は新十津川村全域において同一であり、各戸はその短辺側の道路沿いに家を構えることになったと思われる。それが、南北道沿いに三軒ずつという景観の起源であると考えられる。

一戸当たり五町という割り当て面積は、三富新田だけでなく、先行した屯田兵村における割り当て面積とも等しい。いずれも畑地開拓であり、同規模の必要面積が考慮された結果だと思われる。しかし現在の新十津川町では稲作が中心であり、機械化も進んで、土地利用は大きく変貌している。とはいえ、碁盤目状の道路、農家の分布などが一九世紀末の開拓計画に由来することは、現在の景観からも確認することができる。

このような方格の農地と散村からなる景観は、北海道に広く展開するが、新十津川町はその嚆矢である。入植予定地の設計者であった柳本通義技師と、実際に入植して開拓を進めた移住者は、一八九〇年代頃から本格化した北海道開拓における、まさに先駆者であった。

北垣国道と田辺朔郎——琵琶湖疏水と蹴上発電所

京都の東山山麓に近い南禅寺には門前町があり、塔頭《たっちゅう》や料亭が木々に囲まれてゆったりと立ちならんでいる。

その南側の一隅には、**図3-19**のような煉瓦造りの建造物が見られる。一見すると、西南から東北へと向かう橋の橋脚のように見えるが、実際には用水供給のための水道橋であり、「水路閣」との通称がある。アーチ形の橋脚に加え、橋げたに相当する部分に施された飾りもまた

図 3-19　南禅寺付近の水道橋

印象的である。

いうまでもなく南禅寺は、室町時代に五山《ござん》のなかでもっとも高い格式を誇った名刹であり、応仁の乱で焼亡したものの、一七世紀初めに以《い》心崇伝《しんすうでん》によって再建され、現在に至っている。

一方、この煉瓦造りの水道橋は、古刹における建造物として似つかわしくないようにも思えるのだが、上述のようなデザインと、経年変化によって、今では不思議なくらい周囲と調和している。

この水道橋は、紛れもなく近代の記念碑的建造物である。水道橋を含む水路は、全体として琵琶湖疏水《びわこそすい》と呼ばれ、琵琶湖から山科盆地北部山麓の水路を経て、京都盆地へと導かれた。

琵琶湖疏水は当初、用水路兼運河として建設された。その京都盆地への出口（南禅寺の西南、現在の地下鉄蹴《け》上《あげ》駅の北側）の落差部分に構築された、斜面とレールからなる船の移動装置がインクラインである（図3-20）。疏水の途中から、用水を京都盆地に供給するための分水路（疏水分線）が東山山麓を北へと建設された。その出発点付近につくられたのが、この水道橋である。

幕末にはすでに、琵琶湖と京都を結ぶ、類似した運河計画があった。石黒信基《いしぐろのぶもと》など加賀藩の測量家は、敦賀から琵琶湖北部へと、標高差を越える閘門《こうもん》付き運河を計画した。慶応三年（一八六七）のことであった。さらに、作者は記されていないが、琵琶湖から京都へは、山科盆地北側を通る、琵琶湖疏水と似たルートを計画した地図も残されている。西回り航路に頼っていた日本海舟運に加え、琵琶湖を経て日本海沿岸の港と京・大坂とを短絡する舟運を企図したのであろう。

現在も使用されている琵琶湖疏水は、京都府知事であった北垣国道《きたがきくにみち》の政策のもと、田辺朔郎《たなべさくろう》らの若い技術者の活躍によって建設された。明治二三年（一八九〇）に開通した第一疏水と、その後に完成した第二疏水とからなるが、当初は動力源として水車が構想されていた。しかし田辺らの北米視察の後、最新の水力発電設備を導入することとした。水力発電は、視察に同行した高木文平《たかぎぶんぺい》の発案であったといわれている。

図 3-20　インクライン

インクラインとともに近代産業に大きく寄与した

のが、この水力発電の開始であった。インクライン中央付近の西側に、現在でも煉瓦造りの建物がある。これが、蹴上発電所（現在は関西電力）であり、当初のものではないが明治末の建物である。この場所において、明治二四年（一八九一）に完成したのが蹴上第一発電所であり、当時はインクラインの船を載せる台車に動力を供給した。その後、蹴上に第二・第三発電所の二か所と、琵琶湖疏水と鴨川との合流点付近に夷川《えびすがわ》発電所一か所がつくられた。

つまり蹴上には、近代技術を伴う新しい景観要素が出現したのである。北垣知事らによってもたらされたこの景観形成は、単に琵琶湖疏水のみにとどまらず、南禅寺西北の岡崎一帯における近代の景観形成におおきな影響を及ぼした。

明治二八年（一八九五）には岡崎一帯において、第四回内国勧業博覧会が開催された。第三回まで東京の上野で開催されていたものを、この地に誘致したのである。岡崎には、平安京の大極殿を模した「平安紀念大極殿」（現在の平安神宮）や、博覧会施設として工業館、水産館、器械館、農林館などが建設された。

加えて画期的であったのは、京都電気鉄道（のちに京都市電と合併）により、七条―南禅寺間の路面電車の運行が開始されたことである。電力は先に述べた蹴上発電所などから供給された。京都電気鉄道は、日本の市街における最初の商業電車であった。琵琶湖疏水、インクライン、蹴上発電所、京都電気鉄道、平安神宮、第四回内国勧業博覧会といった近代化事業が、一体となっていたことがわかる。水路閣は、いわばその象徴的記念碑であるといってもよいであろう。

岡崎から北側の鴨川東岸にはさらに、いくつもの近代施設が設置された。鴨川と吉田山の間には、牧畜場、京都織物会社、京都製絲会社、第一紡績会社などが設立された。牧畜もまた、当時は近代産業の一つであった。ここには、第三高等中学校も誘致された。のちの京都大学である。

岡崎一帯には現在でも、図書館、美術館、音楽ホール、勧業複合施設、動物園、グラウンドなどが集中し、京都の主要な文化地区となっていて、重要文化的景観にも選定されている。さらにその東側の疏水や白川流域一帯には、さまざまな大邸宅や庭園が営まれるようになり、名建築や名庭園も多い。琵琶湖疏水がなければ、「植治《うえじ》」(小川治兵衛《おがわじへえ》)に代表される近代の名園も生まれなかったといってよい。

奇しくも岡崎は、平安中期において白河天皇による法勝寺の建立をはじめ、六勝寺《りくしょうじ》が相次いで営まれ、院政を象徴する地域であった。これがこの地の古代景観にとって大きな画期であったとすれば、明治中頃が、近代的景観への転換の大きな画期であった。

第四章　景観からよみとく地域のなりたち

1　暮らし

条里地割と環濠集落——稗田

奈良県北部には、金魚養殖で有名な大和郡山市《やまとこおりやま》がある。その歴史的な核であった郡山城跡から東南へ二キロメートルほど行ったところに、稗田《ひえだ》という伝統的な農村集落がある。奈良盆地を北から南へ流れる佐保川の東側であり、盆地中央部に近い低平な平野に位置する。奈良時代に『古事記』の内容を伝えたとされる稗田阿礼《ひえだのあれ》という人物と同名の集落である。

稗田の周辺には、いくつかの新しい住宅地が建設されているが、かつては奈良盆地の代表的な水田地帯であった。水田はそれぞれの地筆が古代・中世の面積一段（約〇・一二ヘクタール）ほどの長方形であり、一〇筆ほどの田が整然と並んで、一辺が一町（約一〇九メートル）の正方形に区画されていた。すでに述べたように、このような土地区画を条里地割と呼び、かつて奈良盆地一帯に広くみられた形態であった。いまでは、工場などの新しい施設や、新設の住宅団地などによって寸断されているが、奈良盆地にはまだ各所にその名残りがある。稗田集落の周囲もその一つである。

図4-1は、稗田集落を西側から見た民家群である。いくつかの特徴がみられるが、まず民家が密集していることが一つであり、集村と呼ばれる集落形態となっている。大きな民家の敷地が塀で取り囲まれていることも多いが、ほとんどはもともと農家であった。

図 4-1　稗田集落西側の環濠と民家

次に目につくのは、写真手前の民家のように、切妻型の屋根が二段につなげられた形状である。これは、大和棟《やまとむね》と呼ばれる民家の伝統的な様式であり、かつて奈良盆地一帯や周辺地域に数多くみられた。現在ではしばしば屋根全体が瓦葺やトタン葺となっているが、もともと上の段の大きな切妻屋根は棟と屋根縁だけが瓦であり、それ以外は茅葺であった。

さらに特徴的なのは、集落の周囲を濠が取り巻いていることである。これを環濠《かんごう》集落と呼ぶが、稗田はその典型例である。図4-1の濠の護岸は整備されて、現在は石垣ないしコンクリートとなっているが、かつては土手であった。護岸のために必要であれば木杭が打たれ、また竹藪等で覆われる場合も多かった。

環濠集落は、奈良盆地をはじめ近畿地方の低平な平野に多い形状であったが、なぜこのような形になったのかについては研究者の関心を呼び、いろいろな説があった。

その一つは、環濠の水が農業用水として使用されていたことにかかわる。確かに奈良盆地では農業用水の確保は大きな課題で、灌漑用の溜池も多かった。ただし多くの溜池は、谷をせき止めて湛水し、貯水することを主目的とした「谷池《たにいけ》」や、平野の中のわずかな高まりが張り出した先端に築造して、水田への配水に利用した「皿池《さらいけ》」であった。いずれも灌漑用水の確保と水田への配水に便利な立地が考慮されていた。

ところが、環濠集落の濠は必ずしもそうではない。用水として利用された事実はあるが、それが主目的であったとは考えにくいのである。かつて秋山(堀部)日出雄氏はこの事実に注目し、稗田の西側の濠は、以前にそこを通っていた道の機能がなくなってからつくられたものであろうと推定した。

秋山氏の推定の根拠は、今でも一部に残存している。この集落西側の環濠の北端には、図

4-2のような草むらが北へと延びている。この草むらが、かつては道であった可能性が高いと思われる。

さらにこの濠から南方を見ると、濠の南端から南へと広い舗装道路が延びている様子が見られる。図4-2の草むらと、図4-3の道路が、かつて一つながりの道であったとすれば、それが環濠によって遮断されたとみられる。

実は、この南北ルートはかつて「下《しも》ツ道《みち》」と呼ばれ、八世紀に平城京の中心南北路から南へとまっすぐ延びる形でつくられた道であった。『日本書紀』の壬申の乱の条に、「上中下道」あ

図 4-2 稗田集落西側の環濠を北から望む

図 4-3 稗田集落西側の環濠から南を望む

図 4-4 稗田と若槻(2万5千分の1地形図「大和郡山」より)

るいは「三道」と記された主要道の一つが原型である。

図4-3に見られる稗田集落南側の道路下において発掘調査された稗田遺跡では、下ツ道の路面幅が一六メートル、路面東側の側溝が幅一一メートル、西側のそれが三メートルであったと確認されている。つまり路面と両側の溝を足すと、幅三〇メートルの南北道であったことになる。このような広い幅の道路が八世紀に存在したことからすれば、稗田集落西側の濠は明らかにその道を遮断していることになり、道路の存在と矛盾する。

下ツ道の位置に環濠集落の濠が形成されたということになると、それが道路として使用されなくなった後における景観変化であったと考えるべきであろう。しかもかつての下ツ道は、稗田の濠の幅よりはるかに広かったことになる。

さらにいえば下ツ道は、先に述べた条里地割を伴う律令国家の土地計画の基準でもあり、その際に編成された大和国の条里呼称の基準でもあった。下ツ道の東西において、計四〇メートルほどもの幅をおいて条里プランが編成されていたことが知られている。

稗田集落西側の道路および道路痕跡の東側には、南北にこの幅に近い形状の地割列があり、この状況を反映している可能性がある。とすれば、稗田集落西側の環濠のみならず、**図４－１**のような集落西側の一部も、かつての「下ツ道」の道敷に張り出して成立したものである可能性がある。

この稗田集落の東南には、やはり伝統的な環濠集落である若槻《わかつき》が位置する（**図４－４**）。若槻については遺存する史料が多く、研究の蓄積も多い。渡辺澄夫氏によれば、一二－一四世紀初め頃までは屋敷が分散していたが、一五世紀中頃には現在の集村部に屋敷が集中し、環濠も形成されていたという。

稗田の環濠集落の形成時期は不明であるが、若槻と同じ頃であった可能性がある。とすればやはり、下ツ道が道路として機能しなくなった後における、景観変化であった。

散村と屋敷林――砺波

富山県西部の砺波平野は、すでに第三章でも古代の開拓について紹介したが、主要部が庄川

図 4-5　砺波散村の遠景（三条山から）

扇状地の極めてなだらかな傾斜地である。典型的な水田地帯であったが、稲の作付けを制限する政策（いわゆる減反政策）が導入されて以来、麦類や大豆などの畑作物に転換している農地も多い。

この砺波平野には、**図4-5**のように農家が点在する様子が見られ、散村《さんそん》と呼ばれる。先に述べた稗田の環濠集落の集村とは非常に異なった景観である。この写真の農家は、周囲を農地に取り囲まれた大きな屋敷地からなり、多くの木々によって、外部から農家の建物の全容を見ることはできない。屋敷全体が林（「かいにょ」と呼ばれたり、屋敷林と称されたりする）のように見えるのが、まず目につく特徴である。屋敷地内に入ると、正面に東向きの大きな切妻型の主屋がある。その前面に広い空間を持つ前庭があり、それに面して土蔵、納屋などの建物が周囲に建てられている。

主屋は、アズマダチと呼ばれる大きな瓦葺の建物である。一階部分の周囲には瓦葺の小屋根があるが、大きな切妻部分の二階から上の壁には、白漆喰が施され、外から柱と束《つか》・貫《ぬき》が見えるようにつくられている。もともとは茅葺の合掌造りであったが、合掌部分を瓦葺に改築したものである。間取りや用途は、アズマダチとなっても一部を除いて変わらないのが普通であった。一階部分は基本的に、東側と南側が広間・客間や仏間、西側と北側が寝室・居間・台所などの居住空間であるが、かつては東北側に冬の農作業用の土間もあった。二階から上は基本的に物置であり、燃料用枝葉、建築用資材、屋根葺用の茅などの保管場所であった。

土蔵は、日常の使用頻度が少ない物品と米の保管用であるが、土蔵本体の前に小屋根による張り出し部分がこしらえられ、そこに自家製の味噌樽などが設置されていることが多かった。

納屋はもともと農作業用であり、現在では農業用機械置き場や車庫である場合も多い。

前庭は伝統的に、稲などの搬入、藁製品の乾燥、梅干しをはじめ、各種の野菜や果物の干し場所など、農作業、家庭用の物品調整や食品加工の作業空間でもあった。また、敷地の北側にはしばしば家庭菜園があった。

屋敷林は、**図4-6**のように極めて多様な樹種からなっているのが普通であった。ケヤキ、

図 4-6　砺波散村の農家

エノキ、スギ、ヒバなどの建築用材となる高木から、イチイ、ツバキ、ツツジなどの観賞用や庭木用などの低木、カキ、クリ、ウメなどの果樹や、筍用・竹材用の竹藪まであって、実にさまざまである。竹はかつて稲を乾燥させる稲架《はさ》用など、農作業にも不可欠であった。これらは、全体として強風に対する防風林の役割も果たしていた。また、高木の枝や各種の落ち葉は燃料用として非常に重要であった。村々が入会山(共有林)として里山を保有していることは多かったが、屋敷林はいわば里山を個人で所有しているようだとも言えよう。

ただし今では、もともとは自前で準備していた建築用材が、安価な輸入木材や工場生産の建築資材にとってかわられ、ケヤキ・スギなどの需要が著しく減少した。また燃料はもっと極端に変わり、電気・プロパンガス・石油となって、屋敷林から出る枝葉の、燃料としての用途は全くなくなってしまった。一方、果樹の用途は残っているものの、果物が四季を通じて手軽に購入できる今日では、その価値はやはり減じているといえよう。屋敷林全体の防風林としての機能もまた、建築資材の変化、とりわけ茅葺屋根の消滅、冷暖房器具の発達などによってほとんど必要がなくなっている。

そのような状況下であっても、庭木としての用途だけは減じることはなく、むしろ増大しているかもしれない。砺波散村の農家は敷地が広いこともあり、主屋南側の客間から見えるところに庭園をしつらえていることが多く、庭木に加え、なかには見事な石組みの池を備えていることも珍しくない。

図4-6では周囲の農地は大豆などの畑作物となっているが、これは先に述べた稲の減反政策のもとでの転作の作物であり、もともとは水田であった。砺波散村の農家は、自宅周辺の水田を耕作し、それぞれの水田で乾燥や脱穀作業をし、自宅の納屋や庭で精米を行うのが普通であった。さらに納屋では農具を保管して手入れを行い、また、縄や蓆《むしろ》などの藁製品の製造を行うのが伝統であった。

したがって、生活と生業が一体化した、かなり完結性の高い空間であったといえよう。**図4-5**のように、そのような単位が点在しているのが典型的な砺波散村であった。

屋敷地内の建物や屋敷林の機能変化はすでに述べたように著しいが、それに加えて、減反政策による転作以外でも、個々の農家を取り巻く状況は大きく変化した。

砺波平野では、昭和四〇年代中頃をピークに実施された圃場整備事業によって、三〇アールを基本とした水田区画と舗装道路、また用水路と排水路を分離した水路整備が進行した。これに加えて自家用車の普及も変化に拍車をかけた。圃場整備と農業の機械化および自家用車の普及によって、人々は工場などに通勤しつつ、週末に小型農業機械で農業を営むことが可能となった。その結果、いわゆる兼業農家が出現し、農家の大勢を占めるようになった。

さらに近年では、集落営農と呼ばれる地域ぐるみの営農システムや、営農企業への農地の委託などが増加している。伝統的な農家の景観を保持していながら、ほとんど農作業を行わなくなった家も多い。

ただし、**図4-6**のみではその状況をうかがうことは難しい。平野周辺の山腹や丘陵上の展望台から望むと、圃場整備事業によってできあがった道路網の一部が、**図4-5**のように見られる。伝統的な散村の農家ないし元農家に加えて、道路沿いに小規模な工場やアパートが点在している様子も知られる。自家用車による通勤を前提とした生活様式は、砺波散村においても一般的になっていることが背景にある。

圃場整備事業は本来、農業の基盤整備を標榜していた。その役割は果たしているとしても、散村地域に農業以外の産業を呼び込み、生活と生業の一体化という基本構造を大きく変化させたことになる。

堀に囲まれた集落――姉川城跡

九州北部の佐賀平野は、東西に延びる標高一〇〇〇メートルほどの脊振《せふり》山地に北側を画されており、南は遠浅の有明海に臨んでいる。有明海岸付近には干拓地が広く展開することでもよく知られている。佐賀平野は全体として極めて平坦であり、北から南へといくつもの川が流下するが、いずれも平野東端の筑後川ほど大きな河川ではない。中小の河川には目立った堤防も存在せず、いわば掘割のようになっていることが多い。

平野南部には県庁所在地である佐賀市があり、その旧市街は佐賀藩の歴史的な核でもあった。今も市街の中心には堂々たる佐賀城跡があるが、広い堀に囲まれたこの城跡一帯も極めて平坦であり、典型的な平城と呼ばれる形状を確認することができる。

このように平坦な佐賀平野には、各所に堀に囲まれた農村集落が見られる。堀は一般に、先に紹介した奈良盆地の環濠集落のように単に集落を取り巻くだけではなく、集落内にも複雑に入り込んでいるのが特徴である。しかも堀の幅は広いことが多い。

そのような集落の一つが、神埼《かんざき》市姉川《あねがわ》である。**図４-７**は「姉川下分《しもぶん》」と称する、姉川集落の西側中央部付近であるが、堀の幅は場所によって異なるものの、この写真のように一〇メートル前後かそれ以上に及ぶことも珍しくない。堀端にはしばしば竹が群生しており、平坦な農村地帯では比較的目につきやすい植生である。

堀の広い水面が見られるが、平成一〇年（一九九八）頃までは蓮が全面に繁茂していて、毎年レンコンを収穫することができたという。味のよいのが住民の自慢であった。それがなくなったのは、外来生物であるミシシッピアカミミガメが増殖して芽を食べつくしてしまい、蓮が枯死したためである。さらには堀端の樹木の根も食べられ、新たな護岸工事が必要になっている部分も多い。右側には、最近になって施されたと思われる木製の護岸が見える。

図 4-7　姉川の堀と集落（西側）

左奥に小さく写っている白いガードレールは、集落への主要な入り口（通称「構口《かまえぐち》」）付近に設置されているものである。かつて中心部への入り口は、このような堀を越える道が西側と南側にそれぞれ一か所あっただけである（現在は東側にも存在する）。

さらに**図4-8**は、**図4-7**の南方にあたる集落南端の堀であるが、やはり幅はかなり広い。

護岸は**図4-7**の木製の護岸より明らかに古く、おそらく以前から石垣となっていたのであろう。さらに、屋敷から堀へ降りる石段が設置されていて、この屋敷専用の堀水の利用のための設備とみられる。

　さて、**図4-7**の左奥に見えるガードレールが施された道から東へ入ると、集落内の道の両側に何軒かの民家が見られる。さらに進むと、堀の中に張り出したような神社（天満宮）や、そこに向かう両側が堀となった参道がある。その参道の東の付け根から、やはり堀の中を北へ延びる細い道があって、人家はないが、比較的広い島状の部分へと向かう。

図4-8　姉川の堀と集落（南側）

　この島状の部分は「館《たち》」という通称で呼ばれ、東西にはわずかな湾入のようなくぼみや、土手の一部の残存のような高まりが見られる。姉川では、平成二年（一九九〇）頃から考古学的な発掘調査が行われた。その際、この「館」と呼ばれる部分に一四—一六世紀頃の掘立柱建物跡や井戸跡が検出された。

　同時に実施された文献調査によれば、延文五年（一三六〇）の「竜造寺《りゅうぞうじ》家平《いえひら》軍忠状《ぐんちゅうじょう》」（『竜造寺家文書』）に「阿禰河《あねがわ》所々御陣」との記載がある。さらに、同年の「高木《たかぎ》定房《さだふさ》軍忠状」(『深堀家文書』)には「姉河牟田《むた》城」などと記述され、いずれも「姉川城」に相当すると考えられている。

先に述べた通称「館」地区の建物跡や井戸跡は、この姉川城に関連する遺構、土手状の高まりは土塁跡と考えられている。さらに「館」地区における東西の湾入は、それぞれ「東の泉水」「西の泉水」と通称されており、いずれもかつての舟着場と考えられる。

つまり姉川は、中世城郭に由来する集落なのである。ただし、個々の堀や屋敷地がそのまま中世に遡るかどうかは不明であり、むしろさまざまな変化があったと考えるべきであろう。

いずれにしても姉川が、幅の広い複雑な形状の堀を備え、土塁跡や舟着場跡などと関連すると思われる多くの通称地名(ここでは一般に「シコ名」と言われている)が残されていることによって、中世城郭の由来を伝えていることは確かである。現在は国指定の史跡となっている。

こうした集落は神埼市一帯に数多く存在しているが、それらの多くもまた中世城郭に関連すると推定される。中でも、横武《よこたけ》城跡、本告《もとおり》城跡、柳郷《やなぎごう》城跡、野田城跡、直鳥《なおとり》城跡などは、いずれも姉川と同様の複雑な形状の堀に囲まれている。

このような集落の多くが中世城郭に起源をもつとはいえ、現在見ることができるのは、いずれも典型的な農村景観である。そもそも、堀や高い石垣と天守閣など、特徴的な建造物を連想させることの多い近世城郭と、佐賀平野の中世城郭とは、大きく異なるものであった。先に述べた佐賀城跡もまた、平城という点で姉川城との立地条件の共通性はあるが、佐賀城は典型的な近世城郭であり、規模や形態は中世のそれと大きく異なる。

現在の姉川集落は、「姉川下分」の西側と北側へ断続的に続いており、特に西側の中地《なかち》江《え》川沿いには民家が多い。この西側と北側の集落部分は、「姉川上分《かみぶん》」という別の自治会を構成している。

中世絵図の表現をとどめる景観——中尊寺領骨寺村

金色堂で有名な平泉中尊寺のほぼ西の方向の山間に、岩手県一関市厳美《げんび》町本寺《ほんでら》という農村が位置する小さな盆地がある。中尊寺のある平泉町から車で県道を行くと、三〇分ほどで盆地の西北に到達する。ほどなく本寺川という小さな川を渡ると、駒形根《こまがたね》神社の石段下に達する。そこから山裾の旧道を南へ行くと、**図４-９**のように多くの石碑が並んでいる様子が見られる。この東側に、小さな盆地が広がっている。

本寺川は、緩やかにカーブを描きながら、この盆地内をほぼ西から東へと流れている。盆地の南端の山裾には、磐井《いわい》(岩井)川が河床を削って、両岸にかなりの急崖を形成しつつ東方向へ

図 4-9　駒形根神社前の石碑群

図 4-10　イグネのある大きな農家と伝統的な水田経営

流れている。その南岸の崖はしたがって、山麓へとほぼ直接につながっている。盆地の東端近くで、本寺川はこの磐井川へと合流しているので、本寺川は磐井川の支流ということになる。磐井川はさらに東へと流れて、一関市街近くで北上川へ流入している。一関の中心市街からはこの磐井川の谷に沿って、本寺へと国道が延びている。本寺地区では国道三四二号が、盆地をほぼ東西に貫通している。

この小さな盆地には近代的工場やビルなどの施設はみあたらず、ほとんど全域が伝統的な農村の景観である。農家は国道に近い盆地中央部と、北側の縁にあたる山麓部に点々と分布し、水田は不定型な形状のままである。いずれも伝統的な様相であると言ってよい。ここは、日本全国を席巻した圃場整備事業の影響からも外れていることになる。

図４−10は、盆地中央部の本寺川と国道の中間付近の農家をほぼ東側から撮影したものである。大きな農家であり、青く塗られた切妻型屋根の主屋と、それに接続する赤く塗られた屋根部分からなっている。さらにその前面には、入母屋《いりもや》風の屋根の付いた玄関部分がある。大雑把に表現すれば三段の屋根からなる主屋である。農家の右側と向こう側には、イグネと呼ばれる林がある。さらにその向こう側には山地があり、三〇〇メートルほど離れているが、写真ではイグネと一体化したように見える。

イグネとは、屋敷林といってもよいが、スギなどの針葉樹による防風林であり、農家の西側から北側にかけて設けられている場合が多い。この農家では、すぐ西側に幅一五―二〇メートル、長さ約一〇〇メートルにもわたって続いており、農家を取り囲んでいるかのように見える。

農家の手前にみえる水田が、圃場整備のなされていない状況であることはすでに述べた。写真では、稲を刈り取って束にし、それを並べて地干しにする方法や、一本の支柱に積み重ねて干す方法などが見え、いずれも伝統的な収穫作業の様子である。

本寺地区でこのように伝統的な農家が多く、また大規模な圃場整備が行われていないのは、単に山間の小盆地であるために近代産業の導入が遅れたというだけではない。さらに、伝統的な稲の乾燥の様子が撮影できたのも、筆者が幸運であったというだけではない。いずれも地元の人々の取り組みの一端である。

本寺地区は、「骨寺《ほねでら》村荘園遺跡」として平成一七年(二〇〇五)に国の史跡に指定され、さらに翌年「一関本寺の農村景観」として重要文化的景観に選定された(平成二七年に追加選定)。史跡としての指定と、重要文化的景観としての選定が、伝統的な景観の保存に大きくかかわっていたのである。

本寺地区が史跡であり、かつ重要文化的景観でもある最大の理由は、その景観が、二枚の「陸奥国骨寺村絵図」(中尊寺大長寿院蔵、重要文化財)が描く状況を極めてよく維持しているからである。この二枚を区別するために、いくつかの研究成果によって「骨寺村在家絵図」および「骨寺村仏神絵図」と呼ぶことにしたい。作製年代を正確に特定できないが、前者は文保二年(一三一八)頃、後者は南北朝頃か、というのが代表的な説である。いずれも一四世紀初め頃と考えておくことにしたい。本寺は当時「骨寺」と表記されていた。

「骨寺村在家絵図」(図4-11)には、西端の「駒形」山をはじめ、周囲を取り囲む山が描かれ、「石ハ井河」と本寺川に相当する川が描かれている。また両川間に「馬坂新道」が表現されているが、盆地内ではおおむね国道に踏襲されているルートである。駒形根神社の位置には「六所宮」が描かれ、他にも「宮、宇那根社、骨寺堂跡」などの標記がある。もっとも印象的なのは、在家をあらわすとみられる家の表現と、「田」の標記および表現である。在家の多くが田と一体となって点々と分布する様相が描かれており、現在の状況を彷彿とさせる。「在家絵図」という呼称の理由でもある。

一方の「骨寺村仏神絵図」の表現は、「駒形根、岩井河、六所宮、うなね、骨寺跡」などが同一ないし類似するが、山川を除けば絵画的表現は少ない。また、本寺川に相当する川が描かれ「檜山河」と標記されている。

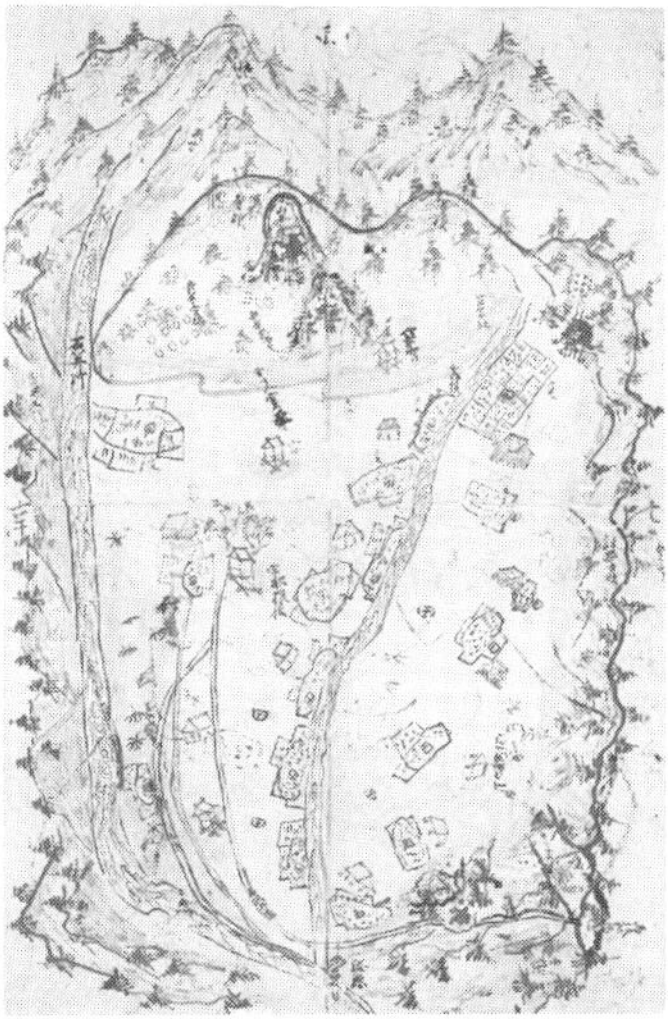

図 4-11　「骨寺村在家絵図」(右が北)と本寺地区全景

「六所宮、骨寺跡」の東側から北側の山裾をたどる道のような表現があり、それが「檜山河」を渡る地点の南側に「馬頭観音」と標記されている。**図4-9**の石碑群の近くである。この石碑群を含む、駒形根神社境内の石造物は三五基におよび、最古のものは享保一三年(一七二八)の年紀をもつ。付近から境内に集められたものも多いというが、これには七基の「馬頭観世音」が含まれている。年代の判明するものはすべて明治以降であるが、石碑の設置に適した位置を踏襲しているとみられる。

一方「馬坂新道」に相当する道は、一本線として表現されて単に「道」と記入されている。さらにこの道に並行して一本の線が描かれ、「中澤」と記入されている。この「骨寺仏神絵図」には、とりわけ「寺領、田」などが数多く標記されているが、これらに全く絵画的表現はないのが、「骨寺村在家絵図」との大きな違いである。

いずれにしろ、このように本寺地区の現在の景観は、何人もの研究者によって、一四世紀初め頃の二枚の絵図の表現をよくとどめていると評価されている。

2　いとなみ

山間部の茶園――宇治と南山城

お茶で有名な宇治の中心街路は、宇治橋から西南に延びる宇治橋通である。この宇治橋通沿いの旧市街には、いくつもの茶商があることが知られている。宇治橋西詰から平等院へ向かう平等院通にも多くの茶商はあるが、宇治橋通には、近世に「茶師」と呼ばれて幕府や大名などにお茶を納めた特権茶商のたたずまいを残しているものもある。

近世にはこれらの町並みのすぐ背後に茶園があったことは、第二章で紹介した。茶園は今では全くなくなり、すべて市街地となっている。旧市街の比較的近くでは、東南方の白川地区の茶園がほとんど唯一であろう。

白川においては、小さな盆地いっぱいに、今でも茶園が経営されている。この地区では、ほとんどの場合、茶園の上に覆いが設けられている。宇治の茶園の特徴の一つであり、覆下《おおいした》茶園と称される高級茶の栽培法である。

ここで高級と称したのは抹茶や玉露であり、かつては宇治川の川霧がかかる茶園や、山間の谷間における日照時間の少ない茶園で栽培されていた。また、そうではない環境の茶園でも、ホンズと呼ばれる葭簀《よしず》や藁の覆いによって日射を制限し、柔らかな茶葉を栽培した。現在では、意識的に伝統的様式を継承している一部を除けば、寒冷紗《かんれいしゃ》と呼ばれる黒い（白いものもある）網

図 4-12　南山城村高尾の茶園と農家

目状のビニール製の覆いによって生産されている。それらのなかには、手摘みされ、高級茶の中でも最上級の茶葉となるものもある。

現在の茶園の多くは白川よりさらに遠く離れ、宇治市街から見て東南方の南山城《みなみやましろ》地域一帯に広がっている。南山城の山間部や周辺の丘陵上、さらには木津川の河川敷などに、広く茶園が点在している。この山間部へは宇治の西方から、南山城を貫流する木津川を遡って上流に向かうことになる。その上流域に、京都府域のもっとも南東端に位置する南山城村が位置する。

図4-12は、木津川南岸の山間部にあたる、南山城村に属する高尾地区の一角である。急斜面に緑のかまぼこ形をなして展開するのが茶園であり、谷の低いところに見える建物が茶園経営の農家である。

茶園のかまぼこ形は、畝の両側から袋付きの大きなハサミによって、茶葉を二人掛かりで刈り取った結果として生じる形であるという。この方法だと、作業は大変であるが相当の急斜面でも茶摘みが可能である。先に述べた、高級茶となる手摘みによる茶園の場合は、このようなかまぼこ形にはならず、むしろやや不揃いになるという。高尾一帯のかまぼこ形の茶園は主として煎茶用で、こうした形状の茶園が山腹のそこここに見られる。

写真の茶農家の主屋は、二段の切妻屋根を備えている。すぐ南を奈良県に接する地域でもあるせいか、やや大和棟風を思わせる様式である。主屋のほかに二棟の建物があり、土蔵と納屋兼作業小屋とみられる。もともとはここで、生産された茶葉の一次加工が行われたのであろう。しかしこのような山間における出荷は、道路が整備され、自動車が発達した現在でも大変であるが、交通手段の未発達な時期においては特に大きな問題であったと思われる。

図 4-13　南山城村今山の茶園

南山城村の場合、中央部の木津川が東西方向に流れる谷筋に、鉄道が通じている。明治二八年(一八九五)に柘植《つげ》―奈良間が、関西鉄道(現・JR関西線)として開通した。しかし同村の南部、木津川上流の名張《なばり》川の流域では、もともと山間の細い道路のみが交通手段であった。製品としては比較的軽く、また必ずしもかさば

図 4-14　和東町釜塚の茶園

らない茶葉ではあっても、この道路だけでは出荷に際する制約が大きかったとみられる。かつては名張川・木津川の水運を利用して茶を搬出したこともあったという。

図4-13は、同じ南山城村の今山《いまやま》の茶園である。先の高尾の茶園とのもっとも大きな違いは、平坦な土地と、茶園の畝の形状である。茶葉を刈り取った後がやや平らに見え、また畝間の間隔が非常に狭い。人が乗って操作する茶摘み機による作業の結果である。

この写真の場合は新しい茶園であり、五〇年ほどの歴史しかない。昭和四四年(一九六九)に完成した名張川の高山ダムにより、谷底に近い川端と広瀬の二集落が水没し、それに伴って五町九反余の茶園も水没した。その結果、新しい茶園を拓くこととなった茶農家である。なだらかな尾根部分に茶園が造成されているので、傾斜地では困難であった機械化が可能となった。

図4-12のような斜面の茶園景観は、おそらく近隣の茶栽培農家の存在とともに、茶園の拡

大の結果として成立したと考えられるのに対して、図4-13のそれは、全く新たに茶園の場所を選定することで成立したわけである。

南山城では、このような二つの状況の茶園が点々と分布している。そのなかには、なだらかな山地斜面の全体が茶園で覆われた「山なり茶園」と称される茶園もある（図4-14）。主として麓の茶農家が経営しているというが、このような傾斜地の茶園は機械化が難しく、経営には多くの労働力が必要となる。茶農家の高齢化や地域全体の少子化が急速に進むなか、維持が難しくなり、大きな問題となっている。

洪水との格闘——長良川下流域の輪中と押堀

長良川西岸の岐阜県海津《かいづ》市平田町に、勝賀《かつが》（旧・海西《かいさい》郡勝賀村）という集落がある。東海道新幹線の岐阜羽島駅から見れば西南方にあたる。勝賀の位置する岐阜県南部、それと接する愛知県西部、さらに三重県北部の三県の県境付近一帯は、木曽川、長良川、揖斐《いび》川のいずれも大河が集中している地域である。この三川合流地域は、とりわけ洪水の被害に悩まされてきた。

その治水に関わって、一八世紀中頃に起こった「宝暦治水事件」がとりわけ有名である。当時、幕府の政策により、多くの工事を特定の藩に実施させ、「御手伝普請」と称した。宝暦治水事件は、九代将軍徳川家重によって、薩摩藩主島津重年《しまづしげとし》が三川合流地域の治水工事を命じられた際に発生した事件である。普請は宝暦四年(一七五四)から始まって、翌年には一応完成をみた。しかし、工事を監督した幕府による意図的な妨害もあって進捗に支障をきたし、五〇人余の自害者と多くの病死者という犠牲を伴ったことがよく知られている。

三川合流地域一帯では、洪水に備えるために、集落と農地からなる町や村の全体を堤防で囲んだ、輪中と呼ばれる築堤が有名である。勝賀を含む海津市は、大榑川《おおぐれ》を挟んで西北の輪之内《わのうち》町と隣接している。この「輪之内」という町名もまた、輪中という表現とともにまさしくこのような堤防の状況に由来する。両市町を隔てる大榑川は、長良川の旧河道である。宝暦の薩摩藩による治水工事によって、この大榑川に洗堰《あらいぜき》が設けられたのであった。その位置は勝賀の北部であったという。

治水工事が行われたとはいえ、また輪中を形成したとしても、水害を完全に防ぐことはできず、しばしば破堤して洪水にみまわれた。輪中地域の破堤状況を描いた古地図が数多く残されており、岐阜県図書館ではそれらが閲覧できるようになっている。例えば嘉永元年(一八四八)の「五明輪中絵図《ごみょうわじゅうえず》」(伊勢国桑名郡五明村、現・愛知県弥富《やとみ》市五明町)には、大小一三か所もの輪中堤の破堤個所が描かれている。

さて、勝賀集落の東側、長良川の堤防の西側に近接して、図4-15のような池がある。池は単に「大池」、あるいは「勝賀大池」と呼ばれ、現在は釣り人でにぎわってのどかな風景を呈しているが、成因はやはり破堤による洪水であった。先に紹介した「五明輪中絵図」に描かれた破堤地も、すべてが輪中堤の内側(集落側)に沿った、円形ないし半円形の池として表現されている。

図4-15　勝賀大池

図4-16　勝賀大池を取り巻く水田と集落

図4-17　大池神社

写真のように大池の周りは現在では護岸が施され、形状は変化しているが、かつては池の規模が今よりはるかに大きく、もっと堤防下に接近していた。そうした状況は、明治二四年(一八九一)測図の旧版二万分の一地形図(「船着村」図幅)などでも確認することができる。**図4-16**のように、池の周囲はいまでは水田となっているが、洪水によって被災した部分であったとみられる。現在の池の西端付近には**図4-17**のような大池神社があり、鳥居をくぐってすぐの右側には龍の像がある。龍神を祀っているというので、これも洪水に関わる祭祀とみられる。集落が立地している場所は、水田の向こうの少し高い半円状の部分である。場所によって異なるものの、数十センチメートルから二メートルほどは水田面より高いのが普通である。鳥居の左側にそうした家々の状況が見られる。

堤防を破壊するような洪水が発生した場合、洪水によって堤防付近の堤内地(陸側)がえぐられることが多い。これが大池の起源であり、この付近ではそれを「押堀《おっぽり》」と呼んだ。さらにその押堀周辺には、土砂を半円状に積み上げたような高まりができることが多い。破堤によって洪水が土地をえぐったあと、急速に流速を減じるために、洪水流が含んでいた土砂が堆積したものである。

長良川沿いで勝賀より下流の対岸に位置する美濃国中嶋郡小藪《こやぶ》村(現・岐阜県羽島市桑原町小

藪)には、五明村の絵図と同じ頃のものと思われる古地図(岐阜県図書館蔵)があるが、この地図には、典型的な構造の押堀とそれを取り囲む半円状の荒地が三か所、描かれている。凡例には、輪中の堤防に接した堤内が「池川」、それを取り巻く半円部分が「荒地」、二か所の半円状の荒地の外側には半月状の「畑方」が描かれている。

低湿地の多い勝賀では、押堀の周囲の洪水堆積物からなった高まり部分に家を建てた結果、先に述べたような半円状の集落が形成されたとみられる。この輪中地域一帯では、堤防上あるいは堤防にそった高まり部分に、列状に家を並べた集落も多いが、それらも同様の理由である(図4-18参照)。

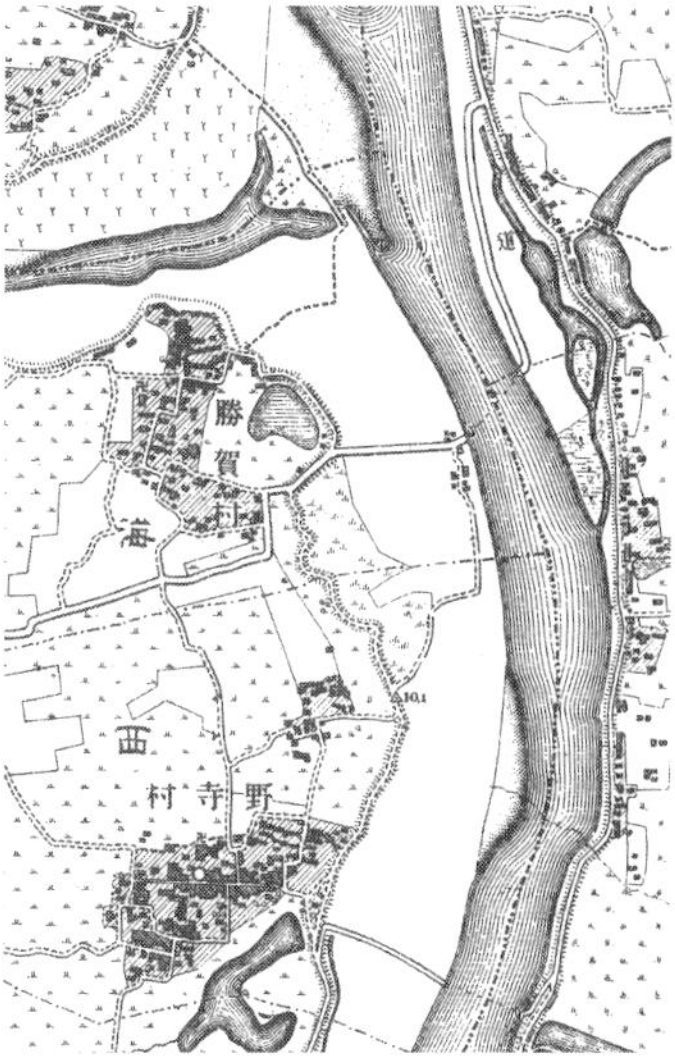

図4-18　旧版地形図(明治26年「船着村」)に見える勝賀村

洪水で破堤した堤防については、すでに近世の技術書にその具体的な修築方法が記されている。寛政六年(一七九四)に刊行された大石久敬《おおいしひさたか》『地方《じかた》凡《はん》例録《れいろく》』には、図4-19のような解説図を伴って、次のように記述されている。

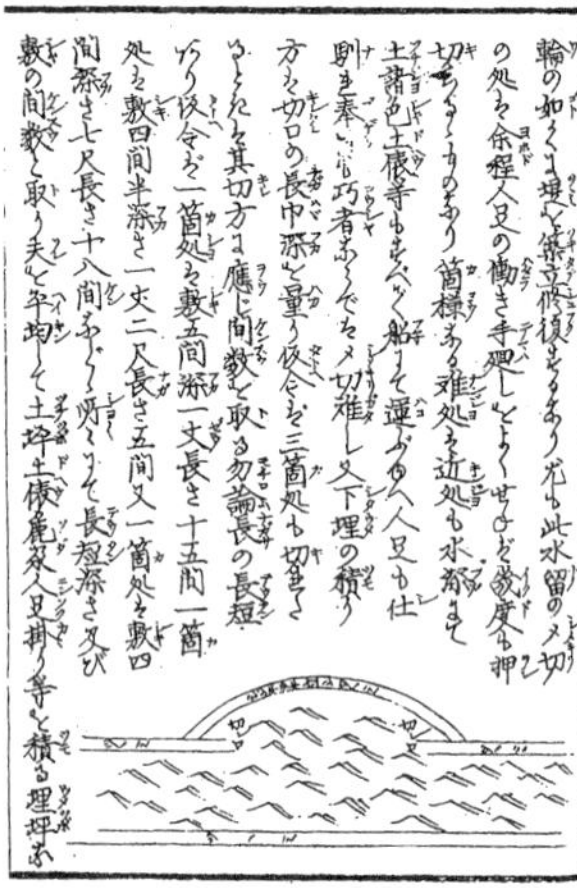

図4-19 『地方凡例録』の堤防復旧法

「堤の切所《きれしょ》を築立るときは、其水深ければ、下埋《したうめ》は土俵にて埋立、内外の切口《きれくち》へ杭を打ち、柵《しがらみ》を搔き、堤の地形を拵《こしら》えて築立るなり。また至て深堀にて水勢強き処は、（中略）或は下図の如く切口を残し、輪の如くに堤を築立修復するなり」。

破堤地に築堤するには、深くえぐられているので、土俵・杭・しがらみなどで基礎を十分につくる必要があることを強調している。さらに深くえぐられている場合は、押堀部分の再利用を断念して、堤防を半円状に迂回させ、押堀を堤外（河川敷部分）に置く方法を説明しているのである。えぐられて不安定となった押堀の上に無理をして築堤すれば、再び破堤しやすいからである。

勝賀大池付近でも、押堀部分を避け、半円状の洪水堆積の高まりを堤防として整備したのであろう。その後、近代土木技術の向上によって、流路に沿った堤防が新たに構築された結果、押堀部分も次第に水田化され、現在の大池が中央部付近に残り、半円状の高まりには集落が形成された――このような過程を推定することができる。洪水と人々との、壮絶な格闘の歴史を伝えている景観といえよう。

鋳物の職人町――千保川と金屋町

富山県高岡市は、かつて加賀藩二代藩主前田利長の城下であった。利長の墓所や、菩提寺である瑞龍寺《ずいりゅうじ》は、高岡城跡とともにその名残りである。高岡城は、南から北へ張り出した段丘の北端に築かれ、城跡の西側には今も段丘崖を確認することができる。利長の墓所や瑞龍寺は高岡城の南東方の段丘上に位置する。城下町は南側の、やはり段丘上に建設された。

この段丘の西側の崖下には、千保川《せんぼ》(かつての庄川の主流)と呼ばれる川が流れている。ＪＲ高岡駅から路面電車が走る広い街路(末広町)を北西へ向かうと、間もなく道は坂を降って崖下へ至る。さらに進むと、この千保川に架かる鳳鳴橋《ほうめいばし》に達する。橋の中央には欄干が張り出していて、橋の由来が記されている。鋳物でできた鳳凰が飾られているのも目につく。

この鳳鳴橋を渡ってさらに進むと、幅の狭い街路が直交している。その街路の両側には、**図4-20**のような伝統的な町並みが続いている。多くの建物は前面に格子を設けており、このような格子造り(地元では千本格子ともいう)の家が続くのが特徴である。ここは金屋町《かなやまち》と呼ばれ、

図 4-20　金屋町の町並み

重要伝統的建造物群保存地区に選定されている。

　金屋町の格子造りの家の多くは、もともと鋳物製造を家業としていたことが知られている。上述の鳳鳴橋の鳳凰も、この町の伝統産業に由来するものであろう。

　さて、前田利長が高岡に城と城下を築いたのは、慶長一四年（一六〇九）のことであった。その翌々年、千保川上流の越中国砺波郡西部《にしぶ》金屋《かなや》村（現・高岡市戸出《といで》西部金屋）から七人の鋳《い》物師《もじ》（「七人衆」）を呼び寄せたのが、金屋町の起源であるという。翌年にはさらに鋳物師が呼び寄せられ、「十一人衆」と呼ばれるようになり、吹場《ふきば》（鋳造作業所）をつくって創業したことが知られる。起源の明らかな鋳物師の職人町であり、近世に多い、いわゆる同業者町であった。

　金屋町の街路を左（南側）に入ってすぐのところに、鋳物師の旧家を改造した高岡市鋳物資料館があって、歴史や伝統的な仕事場を紹介している。この資料館には、町並みを描いた享保一三年（一七二八）の町割図の拡大写真も展示されている。町の建設から一〇〇年以上のちの地図であるから、すでに敷地は細分されて「十一人衆」の時代のままではない。しかし鋳物師の敷地は、街路に狭い間口を開き、奥行きの長い短冊形となっていたことや、それぞれに仕事場があったことが知られる。現在の金屋町の景観は、この一八世紀の町割図の町並みをほぼ踏襲したものであることも知られる。

また**図4-21**のように、屋根上に飛び出した小屋根が設置されている場合があり、奥深い建物の中に光を取り入れ、また高熱を伴う仕事場の換気に役立てたものであろう。表の格子もまた同様に、少しでも外光と涼風を取り込む工夫であったと思われる。

図4-21　千本格子と屋根上の煙り出し

ただし現在では、鋳物作業場のほとんどが高岡市街南方の鋳物団地に移転していて、金屋町での鋳物製造はすでに行われていない。今でも町並みの中には、移転以前の店舗兼仕事場を利用して、土産物用などに製品の販売をしている店が何軒もある。その中には、今は使われていない、かつての仕事場を見学させてくれる店もある。

金屋町がこうして、城下町の中心から離れて設置されたのはなぜだろうか。先にＪＲ高岡駅から金屋町へとたどる道筋を紹介したが、台地上の城下から台地下に降りて、しかもその先の千保川を渡った対岸に位置するのには、何らかの明確な理由があると考えられる。

まず一つには、鋳物製造が常に火を扱うことと関わるからであろう。そのために作業場は、表通りに面した位置ではなく、敷地の背後に設けられていた。にもかかわらず、当時は出火の危険性が高いと認識されていた。城や城下への類焼を避けるため、中心部から離れた位置に立地させたことは、ほかの城下でも例がある。しかしおそらく、それだけでは説明できない。もう一つの大きな理由は、千保川の存在である。

火を扱うこと以外の、鋳物製造の特性を思い起こしてみよう。金屋町の鋳造品には鉄製と銅製があったが、それらの製造には、製品そのものの原料である金属だけではなく、多様な原材料が必要であった。なかでもとくに、鍛冶炭や鋳物砂などといった容量が大きく重量の重い原材料が多かったことに注目すべきであろう。このような場合、近世においては舟運を利用するのが普通であった。

実際、原材料のなかには越中国外からもたらされるものも多く、それらはまず日本海岸の小《お》矢部《やべ》川河口にある伏木《ふしき》港に集積された。そこから「長舟《おさふね》」と呼ばれた川船によって、小矢部川と千保川を経て金屋町へ運ばれたことが知られる。金屋町の立地は、舟運の利用を考慮して選ばれたといってよいのである。

実は、最初に鋳物師が呼び寄せられた西部金屋村もまた、千保川の上流に位置した。千保川は、庄川が現在の河道に固定されるまでの、もっとも中心的な河道であった。庄川は砺波平野の大半を占める庄川扇状地を形づくっているが、西部金屋村はその扇端付近に所在したことになる。かつての西部金屋村の付近でも、川船による舟運が可能であったと考えてよい。この点も、金屋町の選定において考慮された可能性が高い。

金屋町の東側、鳳鳴橋の上流側の新幸橋のたもとに、図4-22のような塔が建っている。「恵比須塔」と名づけられた、鉄筋コンクリート製の街灯である。大正一一年（一九二二）に設置された、千保川舟運の荷揚げ場の夜間照明であった。今では千保川そのものがコンクリート製の

図4-22　恵比須塔

図4-23　角型煙突

護岸となっており、船着場そのものの面影はない。しかし、近代になっても千保川の舟運が重要であったことを物語る貴重な建造物である。

金屋町における水運利用を物語る建造物は、他にもみられる。**図4-23**は、金屋町西北部に残る、四角い煉瓦造りの煙突である。周囲の建物と比べると、高さは一五メートルほどもありそうだ。

こうした形の煙突は、しばしば溶鉱炉に設置されたものである。この角型煙突は、南部鋳造所と称する会社の溶鉱炉に伴うものであった。大正一三年(一九二四)に設置されたというから、恵比須塔建造の翌々年である。平成一二年(二〇〇〇)まで使用されていたという。千保川沿いという立地条件が近代の溶鉱炉の操業にとっても有効であったことは、この角型煙突が物語っているわけである。

漁港に交錯する商港のおもかげ――鞆の浦

鞆《とも》の浦《うら》は、瀬戸内海の北側、広島県東部に位置する福山市の南部に張り出した沼隈《ぬまくま》半島の、さらに南端にある小さな湾入である。

図4-24は、鞆の浦の北西側から南東側を撮影したものである。湾内には多くの漁船が停泊

し、右奥には漁獲物の水揚げを行うための桟橋も写っている。一見すると、ごく普通の漁港の情景である。しかし、水揚げ場の背後の丘陵上に大きな瓦葺の建物が見えるのと、左側にホテル風の建物が見えるのが、単なる漁港にしてはやや異質かもしれない。

図 4-24　鞆の浦東南隅の漁港の様子

鞆の浦の周囲には、湾に沿って半円形の狭い平地があり、それを低い丘陵が取り巻いている。丘の上や斜面のそこここに見えるのは、寺院の大きな甍《いらか》である。この写真の丘の上の寺院は円福寺と称する。こうした景観が、鞆の浦の一つの特徴である。

図 4-25は上述の桟橋の反対側、鞆の浦の北西隅付近である。停泊しているのはやはりいずれも漁船であり、この点では先の写真と同様に、普通の漁港の情景である。

ところがまたしても、漁港にしては珍しい施設がある。写真(上)中央から左側の沿岸一帯には、石造りの階段状の構築物がある。「雁木《がんぎ》」と呼ばれる設備であり、多くの場合、港の荷揚げ施設として建設されたものだ。満潮時には段の上の

図 4-25　鞆の浦西北隅の雁木と常夜燈

ほうで、干潮時には下のほうで船に橋板を渡し、荷物の積み下ろしを行う。廻船や商船の寄港に備えた設備であり、鞆の浦が商港でもあったことを物語る。

しかもさらに、中央付近には白い大きな建物があり、左端には巨大な石燈籠も見える。白い建物は地元で「大蔵」と呼ばれていた倉庫であり、現在は展示・観光施設として使用されている。石燈籠は「常夜燈」と呼ばれている。

近づくとこの石燈籠には、「安政六年己未七月」（一八五九年）と刻まれている。常夜燈は、岸壁の背後にある倉庫とともに、やはり漁港には通常見られない港湾施設である。

また、これに続く写真（下）右端のような石垣と白壁の塀で囲まれた邸宅は、漁港にはさらに似つかわしくないであろう。これは、「太田家住宅朝宗亭《ちょうそうてい》」と呼ばれている、太田家の別邸である。本宅はこの西側の市街にあり、「太田家住宅」としていずれも国重要文化財の指定を受け、公開されている。

太田家は明治時代に廻船問屋として財を成した家であり、白い建物はもともと、「保命酒《ほうめいしゅ》」と呼ばれる漢方薬酒の製造元、中村家のものであった。幕末には、三条実美ら尊王攘夷派の公卿七人が滞在したこともあるという。その建物を太田家が入手した。

図 4-26　鞆の浦の白壁土蔵

鞆の浦は、古代からよく知られた瀬戸内海航路の寄港地あるいは風待港であった。例えば八世紀中頃、大伴旅人《おおとものたびと》が赴任地の大宰府から京に戻った折の歌が知られる。『万葉集』には、「鞆の浦の磯のむろの木見むごとに相見し妹《いも》は忘らえめやも」(四四七)など、三首が載せられている。ほかにも鞆の浦について記す史料は多い。

中世においても重要な港であった。一五世紀中頃の「兵庫北《ひょうごきた》関入船納帳《せきいりふねのうちちょう》」(東大寺管理下の摂津国兵庫北関における船籍・積荷の記録)は多くの港津について記載しているが、そのなかで「備後鞆」の船は、「米、大麦、小麦、豆、赤鰯、塩鯛」などを扱っていたことがわかる。

また一六世紀後半、織田信長にいったん擁立された室町幕府の将軍足利義昭が京から追放されたあと、この地を拠点としたこともよく知られている。鞆の浦は漁港でもあったろうが、何より瀬戸内を行き来する船の寄港地であり、商港であるとともに、時に海戦の基地でもあった。

この頃まで瀬戸内海を行き来する船の多くは、沿岸近くをたどる「地乗り」と呼ばれる航路をとった。鞆はその重要な寄港地として栄えたのである。しかし、一七世紀中頃から西廻り航路が盛んになると、「沖乗り」と呼ばれる島嶼をたどる航路の利用が多くなり、鞆もまたその航路から外れてゆく。

しかし、そのなかでもいくつもの例外があり、例えば、江戸幕府の将軍交替の期に訪れる朝鮮通信使が鞆の浦に立ち寄ったことが知られている。下関に到着した朝鮮通信使は、鞆、牛窓《うしまど》(現・岡山県瀬戸内市牛窓)、室《むろ》(現・兵庫県たつの市御津《みつ》町)、兵庫(現・神戸市兵庫区)に寄港し、大坂から淀川を経て京に至り、そこから陸路をとるのが普通であった。

図4-24に見える円福寺の少し北側の、やはり丘の上には福禅寺がある。福禅寺の対潮楼《たいちょうろう》と名づけられた建物には、「日東第一形勝」という額が掲げられていることが有名である。正徳元年(一七一一)に朝鮮通信使がここを宿舎とし、従事官であった李邦彦《イパンオン》が、「東方で第一に風光

明媚なところ」と称賛した書であるという。

幕末に尊王攘夷派の公卿七人が滞在したことはすでに述べたが、これも鞆のかつての繁栄と関わるとみられる。さらに慶応三年(一八六七)、海援隊隊長であった坂本竜馬が、「いろは丸」への紀州藩「明光丸」の衝突を受け、この鞆の浦に回漕して賠償交渉に入ったことも知られている。いわゆる「いろは丸事件」として有名な出来事である。賠償交渉は長崎に場を移して決着したが、鞆の浦にもこの事件に由来する地があり、また前述の白い倉庫には、いろは丸に関連する展示がある。

鞆の浦の歴史は複雑であり、現在もそれらを反映して、さまざまな景観要素が混在している。ある意味で不思議な景観でもある。

3　町並みと賑わい

近世城下の町屋と街路――近江八幡

滋賀県近江八幡市の中心市街(近世には八幡)には、伝統的な町並みがよく残っている地区がある。重要伝統的建造物群保存地区として選定されている一帯である。新しい建築物が多いJ

図 4-27　近江八幡の町並みと八幡山

図 4-28　八幡堀

R近江八幡駅付近から、少し北西方の八幡山に近寄った市街部分で、図4-27はその地区内の一本の街路である。街路の先にみえる小さな山が八幡山で、かつて豊臣秀次によって城郭が築かれていた。現在はロープウェーによって容易に山頂へ行くことができる。

伝統的町並みが残る市街中心部自体も、秀次が建設した城下の町に由来することはよく知られている。ただし、八幡の城下町としての期間は短かった。城郭は天正一三年(一五八五)に建設されたが、わずか一〇年後の文禄四年(一五九五)に早くも破却された。

ただしそののちも、八幡は城下町として建設された構造を残した。幕府領、旗本の朽木《くつき》氏領、尾張藩領などと、領有者は変わったが、在郷町《ざいごうまち》として存続し、むしろ発展したのである。商業が盛んで、近世を通じて、琵琶湖南岸の大津町と並ぶ商業都市であった。

八幡山の麓には、八幡堀がよく残っている（図４-28）。八幡城が存在した時期においては、堀は武家屋敷群を取り囲んでいて、南側の町屋地区はその外側であった。八幡堀も本来の運河や水利の機能を失い、下水施設の未整備もあって、一時は環境悪化が進行した。しかし今では、泥土の除去などによって旧態に復され、一帯は国の重要文化的景観に選定されている。

八幡堀は現在でも、西側が八幡川によって琵琶湖に通じており、東側も西の湖《にしのこ》に通じている。西の湖は、かつて琵琶湖最大の「内湖」（琵琶湖岸の砂州で画された内陸の付属湖）であった大中《だいなか》の湖《こ》の一部である。つまりこの堀は、東西双方で琵琶湖水運と結びついていた。現在でも、図４-28の手前側の屈曲部にやや広くなった荷揚げ場（雁木）の跡が残っており、土蔵が商業都市としての名残りを伝えている。八幡堀には現在、観光船が運行されている。

町屋地区は、北北西—南南東方向の街路（以下、南北方向と略称）と、これと直交する方向の街路（以下、東西方向と略称）とからなり、やや縦長の碁盤目状の街区を構成している。

図４-27の街路はそのうちの一本の南北路であり、新町通と呼ばれている。今も大きな民家が並び、かつて大規模な商家が多かったことが知られる。

図４-29は、その新町通から東へ四本目にあたる南北路の一つの交差点である。左右に延び

るのが南北路で、永原町通と呼ばれる。角の家も商家であるが、店はこの永原町通に正面の間口を開いている。東西路には商家の向かって右側が面しているが、この家の場合は出入り口がない。つまりこの商家は、南北路で商いを営んでいて、東西路は「横町」でしかないということになる。

南北路を「町通」、東西路を「横町」とするこうした構造は、近江八幡の旧市街全体に共通するものであった。南北の街路を軸とした「両側町《りょうがわまち》」の形成である。

図 4-29　永原町通の商家

例えば**図4-29**の町屋は、永原町通に短辺を接する短冊形の屋敷地を有し、同じ側に並ぶ町屋とともに、街路を挟んで向かい側の町屋群と同じコミュニティを構成していた。両側町は、近世起源の城下ではごく一般的にみられたものであるが、街路の片側の町屋だけからなるか、あるいは一方が濠である場合には「片町《かたまち》」などと呼ばれた。

第二章で、古地図をもとに彦根の町屋地区について考察したが、近江八幡の伝統的町並みは、まさしく同じような景観を今に残しているのである。

西廻り航路の河口港――三国

ＪＲ福井駅から、えちぜん鉄道に乗って三国《みくに》駅へ着くと、駅の西側一帯に三国（現・福井県坂井市三国町）の旧市街がある。駅前通りを西南へ一〇分ほど歩くと、これと直交する街路があり、伝統的な町並みが見られる。その町並みの中に、**図4-30**のようなベンガラ塗の商家風の建物がある。ベンガラ塗にとどまらず、格子造りと、狭い二階から大きく突き出た軒が特徴的である。さらに、隣家も同様に伝統的な商家風の建物である。

図 4-30　三国の伝統的商家の町並み

これらの建物の南東方向には、やはり同じ通りに沿って「旧森田銀行本店」という近代初期の建築もある。森田銀行は、廻船問屋で醸造業も行っていた豪商森田《もりた》三郎《さぶろう》右《え》衛門《もん》が、明治二七年（一八九四）に設立した。福井県内の有力銀行であったが、昭和五年（一九三〇）に福井銀行と合併して現在に至っているという。この建物は大正九年（一九二〇）に建設されたものである。

いずれにしろこの町並みは、三国が福井県有数の経済拠点であったことを物語る景観であるといえる。さらに立ち入って眺めてみよう。

図4-30の手前のベンガラ塗の建物には「三国湊町家館」という看板があり、中に入ると町おこし団体の拠点となっていることが知られる。建物は旧梅谷家を修理したものであるという。旧梅谷家の建物の奥側(北)にも別の伝統的な建物が見られ、説明板が設けられている。こちらは、かつて材木商を営んだ岸名家のものであり、岸名家は俳諧の結社をつくっていたことでも知られる。江戸期の三国において、町人文化の一端を担ったという。

建物は残っていないが、内田家もまた、かつて廻船問屋として栄えて三国の要職を務め、天保の大飢饉に際して窮民を救済するなどの功績があったと伝えられている。

現在「三国湊きたまえ通り」(以下、きたまえ通り)と名づけられているこの通りには、かつても商家が数多く軒を連ねていたと思われる。現在残る建物はいずれも、平入りの二階建てである。写真では見えないが、少し離れてみると二階の屋根には、棟瓦の代わりに石材が用いられていることがわかる。軒の深い平入りと、棟石を置いた屋根が、三国の伝統的な建物の特徴である。

これらの商家の中には、今や取り壊されて空き地や公園となっている部分もあるが、そうした屋敷跡は非常に細長い。図4-31に見える空き地は、驚くべきことにもともとは一軒分の敷地であった。

この空き地の両側もまた、本来それぞれが一軒の商家であった。主屋はきたまえ通りに平入りの間口を開いていて、その背後に、主屋と直角の方向に棟のある土蔵や倉庫が連なっていたと考えられる。

図4-31　長大な屋敷跡地

これら細長い屋敷地の背後は、現在、九頭竜《くずりゅう》川沿いの道路に接している。ただし、この川岸沿いの道路やコンクリート製の防潮堤は比較的新しいものである。もともとは河港として使用されていて、倉庫が直接川岸に面していたのであろう。川岸には船着場があり、廻船問屋や材木商が直接、荷揚げや積出しに利用した。通り沿いに間口を開きつつ背後に船着場をもつ商家が連なる、港町であったことが知られる。

九頭竜川は福井平野を貫流しているが、南から足羽《あすわ》川と日野川、東から竹田川を合流して、三国の町並みのすぐ西側で日本海に注いでいる。福井平野のすべての水系を集めていることになるので、三国はかつてこの地域全体の港町としてにぎわっていたのである。

三国のような河口に立地する港は、伏木《ふしき》（富山県高岡市、小矢部川・庄川の河口）、東岩瀬（富山市、神通《じんづう》川の河口）、新潟（信濃川・阿賀野《あがの》川の河口）、酒田（最上川の河口）など、日本海側では珍しくない。これらの河口港は、河川水運によって上流域の産物を集め、西廻り航路によってそれらを広い商圏に売りさばき、逆に、外からさまざまな商品を買い入れ、それを上流域にもたらすことで繁栄した。江戸時代の北前船はこれらの港に寄港し、積荷の売却、積み替えを繰り返しながら、上方（大坂など瀬戸内海沿岸）と蝦夷地（北海道）を往復した。三国における森田家、内田家、岸名家などのかつての繁栄は、このような九頭竜川河口の港湾の機能を背景としていた。

図 4-32　森田本家の棟石（笏谷石）

きたまえ通りの東南端近くには、「森田本家」と呼ばれる、先に紹介した森田銀行を設立した森田家がある。やはり通り沿いに平入りの主屋を構え、背後に白壁の倉庫や土蔵を連ねている。**図4-32**のように、倉庫などの建物の屋根はそれぞれの高さが異なって段違いであり、これらを画する塀の屋根もまた段違いである。壁には風雨を避けるための板張りが施されている。屋根瓦は、やや赤みを呈した釉《うわぐすり》を施したいわゆる赤瓦で、石州瓦《せきしゅうがわら》に代表される日本海側に多いものである。石見国(現・島根県西部)で生産された石州瓦は、船を安定させるための底荷として積まれて、北前船によって日本海側に広く流通した。それぞれの地元で焼かれた瓦にも、やはり石州瓦と類似した釉をかけたものが多い。

さらに森田本家では、塀の屋根はすべて瓦であるものの、倉庫などの棟には整形された石材が用いられていることも特徴的である。先に述べたように、きたまえ通りの商家の主屋にも使用されているが、石材はやや緑色を帯びており、笏谷石《しゃくだにいし》と呼ばれる。産地は、九頭竜川を遡った福井市街に近い足羽山である。加工がしやすいことから、その使用は古墳時代の石棺にまで遡る。

現在は切り出されてはいないが、かつて笏谷石は九頭竜川の水運を利用して河口の三国湊に運ばれ、棟石や基礎部分の化粧材などに利用された。さらに、石州瓦同様に船の底荷として積み込まれ、北海道から中国地方に至る各地で利用されていた。川と海によって結ばれた日本海流通の様相を物語る景観である。

芝居小屋のある山あいの町並み——内子

東京の歌舞伎座、大阪の新歌舞伎座、さらには京都の南座など、大都市の歌舞伎劇場はよく知られている。これらの劇場ではさまざまな歌舞伎演目が上演され、多くの観客を集めている。大都市以外でよく知られるのは、香川県琴平《ことひら》町にある「旧金毘羅《きゅうこんぴら》大芝居《おおしばい》（金丸座《かなまるざ》）」であろう。その起源は古く、劇場の建造物は重要文化財にも指定されている。琴平町は人口八五〇〇余の小都市であるが、全国から多くの参詣者を集める金毘羅《こんぴら》さん（金刀比羅宮《ことひらぐう》）の門前町であることが、成立と持続の一因であろう。

さて、愛媛県内子《うちこ》町には、「内子座」と称する、やはり重要文化財に指定された歌舞伎劇場がある。琴平町と同じ四国であるが、こちらはもともと大洲《おおず》街道沿いに成立した町である。大洲街道は、南の城下町大洲と、北の伊予国の中心松山とを結ぶ、四国西岸の主要道であった。

JR内子駅から北東方の旧市街へと向かい、商店街（本町通）から左へ少し入ったところに内子座はある（図4-33）。木造地上二階建て、入母屋造りの堂々たる建物であり、正面両側には櫓がある。もともと回り舞台や花道などが整備された、本格的な歌舞伎舞台であったという。

老朽化で取り壊しの話も出たが、町並み保存運動の高まりとともに復原されて、昭和六〇年（一九八五）に再オープンし、現在は広く文化ホールとして使用されている。依然として文楽や歌舞伎などの伝統芸能の公演も行われ、のぼり旗がはためいている。

内子座は大正五年(一九一六)に柿落《こけらお》としが行われたというから、歴史の新しい歌舞伎劇場である。大正天皇即位の御大典(大正四年)を記念し、その翌年、町の有志によって「大典記念株式会社内子座」が設立されたのが前身である。記念事業であり、また娯楽の提供という目的があったにせよ、町の規模も極めて小さい内子にとっては非常に大きな事業であったと思われる。

図 4-33 内子座

現在の内子町は、平成一七年(二〇〇五)に旧内子町など三町が合併して成立したものであるが、三町合わせても人口は約一万六〇〇〇人に過ぎない。この人口は近年の減少傾向の結果であるとはいえ、規模からすれば旧内子町は、もともと典型的な小都市である。にもかかわらず、歌舞伎劇場を新設した資力とエネルギーは、どこからもたらされたのであろうか。

さて、内子座の前面から東の本町通に戻り、その街路を北東に向かうと、北へ向かう街路との交差点の角に、伊予銀行内子支店が位置している。一見古風な建物だが、前身である

図4-34　袖壁のある町並み

内子銀行（明治二九年〔一八九六〕設立）の明治四〇年頃の建物を模して再建されたものだという。

その角を北へ向かうと、図4-34のような町並みが残っている。ここは八日《ようか》市《いち》地区ならびに護《ご》国《こく》地区と呼ばれ、昭和五七年（一九八二）に重要伝統的建造物群保存地区に選定された。

街道沿いの町並みの特徴はまず、重厚な漆喰塗りの建築だという点であろう。多くの家の一階の庇に、装飾性の高い「こて絵」が施されているのも特徴的である。さらに、各家の間口の両側にしつらえられた、やや黄色味を帯びた漆喰壁の突出も目立った特徴である。これは地元では「袖壁《そでかべ》」と呼ばれ、一階ないし二階の屋根の両端（時にはその中間にも）の下に別の屋根を伴ってつくられた、仕切りのような構造の壁である。しばしば商家の屋根上にこしらえられた「うだつ」と同様、本来は防火に関わるものであろうが、極めて装飾的である。

このように、漆喰塗り、こて絵、袖壁などによって装飾性を強めた町並みは、明治時代設立の地元資本の銀行の存在とともに、当時の内子商人の大きな経済力を反映しているのであろう。

それが内子座の建設とも関わっていたと考えられる。
街道をさらに北へ向かうと、東側に上芳《かみは》我《が》邸という大きな邸宅が見えてくる(図4-35)。間口が広く、豪快な装飾を施した大きな土蔵づくり三階建ての主屋である。しかも両側に、漆喰塗りの土塀で囲まれた屋敷を伴っている。

図4-35　木蠟問屋上芳我邸

巨大な主屋に入ると、その先の左側には座敷群が続いていて、奥の離れ座敷に至る。これらに囲まれた中庭には、庭園の造作が施されるとともに祠《ほこら》が祀られている。いっぽう、主屋の入り口に続く右奥には土間が続いて、大きな炊事場が位置している。炊事場の奥は離れ座敷横の風呂場などに続き、全体が中庭を取り囲んでいる。

主屋の南・東に広がる広大な敷地には、幾棟もの土蔵や作業場が散在し、多くの製蠟用具が収蔵・展示されている。木《もく》蠟《ろう》製造が上芳我家の稼業であった。敷地内には木蠟の原料であった日本産のハゼの木が庭木として植えられている。

道路から見て屋敷の右端には長大な土蔵があるが、その土蔵と炊事場の間が大きな作業庭であった。ここは、木蠟の晒《さらし》場《ば》としても使用された。木蠟製造の作業の中心となる釜場は、この作業庭に面した主屋の入り口側に設けられていた。

上芳我家は幕末からこの地に出店としてあったという。主屋は明治二七年に上棟されたというので、内子銀行設立の二年前である。

木蠟はハゼの実からつくられ、和ろうそく・びんつけ油や、口紅などの化粧品や医薬品、クレヨンなどの文房具や光沢剤として、かつては重要な生産品であった。木蠟製造は、大洲藩が殖産興業のために推奨したことに始まり、上芳我家の主屋が棟上げされ、内子銀行が設立された明治中期が最盛期であったという。

上芳我邸も重要文化財に指定され、「木蠟資料館　上芳我邸」として公開されている。今ではほとんど生産されていない木蠟であるが、かつては内子の経済を支え、内子座をつくるほどの賑わいをもたらしていたのである。他にも「本芳我家住宅」(重要文化財)、「下芳我家住宅」(登録有形文化財)など、いずれも木蠟生産に携わって財を成した商家の建物があり、今も内子の景観を形づくっている。

第五章　景観史の資料と考え方

ここまで三章にわたって、古地図をはじめとするさまざまな資料を用いて、日本の景観史の諸相を検討してきた。本章では、それらのおさらいをしつつ、また筆者のこれまでの研究の一端もお示ししながら、もう一度、景観史という視点を持つことの意義について考えてみたい。注目するのは、村落景観と絵画資料である。

1 景観史の視点——村落景観から考える

村落景観は変化する——集村化と条里地割

日本の村落景観が経験した歴史は長く、また複雑である。一九六〇年代頃まで有力だったのは、近畿地方の平野部の農村の起源あるいは原型を、七世紀中頃の律令制の初期にもとめる見解である。この考えは暗黙のうちに、日本の村落景観が律令時代から一貫して持続的であり、基本的には変化しなかったのだとする想定を含んでいた。

ところが実際には、村落景観は歴史的に大きく変化してきたことが判明した。筆者がそれについての論文を公刊したのは、一九七一年のことである（「奈良・平安期の村落形態について」）。この論文では、奈良盆地など近畿地方に今日も多く残る集村形態が、「集村化現象」と呼ばれるプロセスを経て成立したことを証明した。

集村化現象の第一波は、荘園の領域と権利が一定の地域にまとまりをみせる一二世紀頃から始まった。「一円化」と呼ばれる権益のあり方と管理システムの変化に伴っての、屋敷の集中である。さらに第二波は、一三世紀末以来の、戦乱の時代の結果としての集村化である。

また、第四章で取り上げた稗田の例のように、このような農村の耕地はほとんどの場合、「条里地割」と呼ばれる碁盤目状の土地区画となっていた。一辺一〇九メートル（＝一町）の方格が小道や灌漑用の溝で区画され（＝面積一町、古代・中世には約一・二ヘクタール）、その内部が長方形の地筆一〇筆（各筆は面積一段〔約〇・一二ヘクタール〕、形状は半折型＝二一・八×五四・五メートルと、長地型＝一〇・九×一〇九メートルの二類型が典型的）で構成されている地割形態である。

この条里地割もまた、七世紀に造成されたものがほぼそのまま継承されてきたと、漠然と考えられていた。つまり筆者の一九七一年論文の段階では、村落形態の変化は明らかになったものの、耕地形態の変遷については、不明のままだったのである。

それまで条里地割は、「条里制」と総称される古代の土地管理制度の一部であると考えられてきた。条里制とは、この条里地割に加え、律令制の土地制度の基本であった「班田収授」(資格に応じた口分田の分配)と、土地区画に番号を付す特徴的な土地表示法である「条里呼称」とが一体となった制度であると理解されていた。

しかし筆者は一九八二年、条里制を構成するこの三要素の起源がそれぞれ異なっていることを確認した(『条里プランと小字地名』)。班田収授の開始は七世紀後半に確認されるが、条里呼称の初出例は次世紀の七四三年である。さらに、条里地割が考古学的に確認された例は一二世紀以後が圧倒的に多く、それ以前の例もあるものの、その数はきわめて少ない。

つまり、条里制という用語には、起源が大きく異なる三つの事象が含まれていることになり、それらの違いを意識しない従来のやり方では、厳密な議論ができなかった。そこで、条里呼称と条里地割の二つの要素を指す用語として、条里制とは別に「条里プラン」の語を使用することを提案した。班田収授は、条里呼称と条里地割が存在しない段階ですでに実施されていたからである。

そして、この定義による条里プランの完成は、八世紀中頃であったことも判明した。では、条里プランはその後どのように変容していったのか。次にふれておきたい。

条里プランの機能変化と地割形態

八世紀中頃に完成したこの条里プランは、律令制のもとでの校田《こうでん》(田の所在と権利の確認)の基準、また班田の記録(田籍や班田図)、さらに墾田や神田など、口分田と異なる用益権を有する各種の田についての許認可の基準として、使用された。この段階で条里プランが果たした機能を、「律令の条里プラン」と称することができる。いわゆる条里制の時期である。

ところが一〇世紀から一二世紀頃、律令体制の変質とともに条里プランは国家的には利用されなくなるが、むしろ地域的にはその機能を強化した。国司による管轄国内における検田(田の所有状況の確認)、官物・雑役(さまざまな税)の免除、各種の土地の所在や境域の画定の基準となる場合が多かったのである。この段階を、国司の権利行使の基準となった「国図」にちなんで、「国図の条里プラン」と称することができる。

一方で、先に述べたように一二世紀初め頃から、荘園がさまざまな権益を一円化し、不輸不入権(荘園領域内の全体的権利を確立し、国司等への税の納入をせず、立ち入りも許さない権利)を確立する動向がしだいに進行した。このような荘園では、境域を画定したうえで、その内部で本来の条里呼称の略称が用いられた場合や、その内部のみにおいて有効な、条里呼称に類する土地表示法が成立した。これを、前の二段階に準じて「荘園の条里プラン」と呼ぶことができる。

このように、①律令の条里プラン、②国図の条里プラン、③荘園の条里プランという機能変遷を筆者が解明したのは、一九九〇年のことであった(「国図の条里プランと荘園の条里プラン」)。時期や状況は異なるものの、多くの地域では、この順に変容を経験したことが知られる。条里地割の形成は古代で完結したのではなく、この三つの条里プランのいずれの段階でも進んだ可能性があったことになる。

このようにして、日本の村落景観の主要な要素である村落形態と耕地形態のいずれもが、古代からそのまま続いているのではないことが共通理解となった。本書のキーワードを用いれば、「景観要素」の変遷を考察することが、農村の歴史的変化を解き明かす鍵となったのである。これは、景観史の視角の必要性を示す一つの例である。

すでに述べたように、条里プランを構成するのは条里地割と条里呼称であり、典型的な条里地割は、面積一町の方格状の区画と、その内部を一〇等分する長方形の地筆で構成される。先にふれた稗田の周辺には、この形状が残存するが、このような条里地割の多くは一二世紀頃に成立したものが多い。つまり、国図の条里プランか、荘園の条里プランの時期である。さらに第二章では、条里地割が展開する地域に、のちに島畑が形成された濃尾平野の事例も紹介した。

条里地割は方格状を呈するのが一般的で、この点では新十津川町の例(第三章)とも類似するかもしれない。しかし、これは明治時代の北海道開拓に由来するものであり、機能や規模・形態は、条里地割と全く別であった。

また、地割形態一般に視野を広げれば、必ずしも規則的な方格ばかりではなく、恵那市中野方町坂折(第二章)の棚田のように、地形条件に強く規制された不規則な形状もある。さらに、市街の屋敷地の形状も地割形態の一種であるが、彦根市(第二章)や近江八幡市(第四章)の例で紹介したように、近世の街路計画を含む、都市計画や都市構造を反映している。

規則的であれ、不規則であれ、あるいは起源がいつであれ、機能が何であれ、いずれの場合にしても地割形態は、景観史への接近のためにはきわめて重要な手がかりである。

地名の成立と変遷

条里プランの構成要素である条里呼称は、もともと土地管理のための制度の一部であり、今日的な意味での地名とはやや性格を異にした。では、条里呼称確立以前に、それぞれの土地はどのように呼ばれていたのであろうか。

例えば「弘福寺《ぐふくじ》領《りょう》讃岐国《さぬきのくに》山田《やまだ》郡田図《ぐんでんず》」(重要文化財、多和《たわ》文庫蔵)を取り上げてみよう。精巧な写しであるが、天平七年(七三五)の年紀を伴う日本最古の荘園図である。表現された土地は、一辺一町の正方形に区画されているが、それぞれの区画には条里呼称は記されておらず、例えば「柿本田、畠田、樋蒔田」といった固有名詞のような名称だけが付されている。しかも、同じ名称が複数の区画に標記されている場合が多い。これらを今日的な意味で地名と言ってよいかどうかは疑問であり、地名に類する役割を果たしたとしても原初的であろう。仮にこれらを、条里プラン成立以前の「原初的な地名」と呼ぶとすれば、そのありかたは、東大寺領の越前国や越中国などの多くの荘園図からも推測される。

このような原初的な地名を、筆者はかつて「小字地名的名称」と呼ぶことを提唱した。今日の「小字」と区別するのは、それらが地名としても未成熟であり、しかも以下に述べるように、そのまま小字には結びつかず、やがていったん使用されなくなるからである。

さて、条里プランが完成してからは、次のような呼称の例がある。

例1　「(讃岐国山田郡)八条九里三十一池田一段百六十歩」　天平宝字七年(七六三)

例2　「(大和国宇陀郡)上縣二條給理里八道祖田坪中北辺　字小南地」　延喜九年(九〇九)

例3　「合壱段者、字伍段田粥免
(大和国)在添下郡七條六里卅一之坪内東三四筋」　保安三年(一一二二)

八世紀には例1のように、条里呼称(「八条九里三十一」)に小字地名的名称(「池田」)を付して、面積(「一段百六十歩」)を記す様式の土地表記をするのが普通であった。条里呼称に加えて小字地名的名称をそれぞれに付す目的は、国家に税を納める土地を明示することにあったと考えられる。したがって、地名という点のみからすれば、きわめて未成熟な段階であったことになる。

地名としての未成熟を反映して、このような小字地名的名称はやがて使用されなくなり、条里呼称だけが使用されることとなった。その時期は、多くの場合は九世紀以後であり、条里プランが定着したことを反映している。一〇世紀に入っても条里呼称に小字地名的名称を付して使用している例もあり、転換の時期は多様ではあるものの、いずれにしろ小字地名的名称はそのまま後世の字(小字)には結びつかない。

一方で、小字地名的名称とは別に、今日の小字につながるような性格の地名が出現する。現在知られる限りでは、その例は早くも一〇世紀初頭にみられる。例2のように、一〇世紀にまだ小字地名的名称(「道祖田」)が使用される場合もあるが、それとは別に、条里プランの八坪の区画中央北側あたりに「小南」ないし「小南地」という字があったことが記されている。こうした表示例はこののち日本各地で多出し、やがて一般化する。これこそが字名の成立である。

さらに、この字名が一般化するか、もともと条里プランの定着が不十分であった場合などには、例2とは逆に、例3のように字名（「伍段田」）をまず記し、その位置を条里呼称で説明する表示法も出現した。

このように三段階の様式を経て、早かれ遅かれ明確に地名としての字名が現れるが、すべてが今日まで、そのまま受け継がれたわけではない。

例えば、現在の奈良県広陵町域にあたる談山《たんざん》神社領大和国百済荘《くだらのしょう》では、室町時代の古地図において、ほぼ条里地割の一町方格ごとに字名が記されている。その数は合計一〇〇を超えるが、現在では、そのまま残存するのはわずか二〇%ほどにすぎない。

さらに、一六世紀末の太閤検地以来、村の境域が画定されるとともに、このような字名は村内の位置表示に用いられることになった。字が制度上の地名となれば、制度の改変とともに字もまた変更されることもありうることになる。

例えば九州の佐賀藩では、寛政年間（一七八九―一八〇二）に村図の作製に伴って字を新たに編成した。近代初期にも、例えば加賀国や越中国では明治の地籍図作製時に、数字やイロハなどを用いて、字名そのものやその領域を再編することが多かった。

明治時代の初期には、近世以来の村が基本的に最下位の行政単位として位置づけられたが、郡区町村編制法に代わって、明治二一年(一八八八)四月二五日に市制と町村制が公布されると、翌二二年から盛んに村の合併が行われた。その結果、合併で成立した新村(町)は、内部にいくつかの旧村を含むこととなった。

この新村と旧村を区別するために、新村を単に「村」(または「町」)と呼ぶとともに、旧村を「大字」と称するようになった。それとともに、旧村の中にあったもともとの字もまた、「小字」と呼ばれるようになった。

要するに小字とは、この段階で旧来の字を意味する用語として成立したことになる。学術的な論文も含め、このプロセスが理解されないまま、あるいは単純化して、「小字」ないし「小字地名」とするなど、時代を問わずに小地名の意味で使用されている場合がある。

小字地名的名称から条里呼称、そして字、小字にいたる複雑な変遷をかいつまんで見てきたが、こうした地名にかかわる情報も、適正な扱い方によって景観史の重要な手がかりとなる可能性がある。

2 絵画資料と景観史

景観史のための多様な手がかり

本書において取り上げてきた景観史の中心的な資料は、まず古地図(第二章)であり、次いで、それぞれの場所についての数枚の写真(第四章)であった。加えて、景観形成に大きくかかわった特定の人物とその事績を知るために、歴史的な史料(第三章)も不可欠であった。

古地図の場合、それぞれの資料によって利用者は異なるが、手書き図の場合は特定の人々に限られることが多い。ただし、近世の国絵図や町や村の地図では、手書き図であっても相対的に多くの人々が利用したとみられる。また、伊能忠敬作製の地図や明治の地籍図類も、手書き図ではあるものの、かなり多くの人々が利用した。近代地図に比べると客観性は劣るものの、利用者に土地や空間の様相を伝えるという意図が込められている点で、古地図は景観史の重要な資料となる。このことをあらためて強調しておきたい。

これらに対して写真は、実際に景観を眺める、という行為の代替として用いた。検討の際に重要なのは、地形、植生、地割形態、建造物などの景観要素である。とりわけ地割形態は、さまざまな景観要素を規定している点で、景観の基礎ともいえよう。先に述べた条里地割にとどまらず、土地の計画や開発、利用、所有などを強く反映しているので、景観史の資料としてきわめて重要である。

一方、本書では一部を除いて、地名そのものを景観史の資料として取り上げることは意図的に避けた。その理由は、地名の成立や変化の経緯がきわめて複雑なことに加え、地名そのものが目に見える景観要素ではないことである。ただし地名は、小字地名的名称の例で示したように、変遷過程を念頭に置いたうえで、持続ないし変化についての傍証を固めて適切に使用することによって、景観史の考察の一助となり得る。

また本書では、地名のほか、絵画にも言及することが少なかった。絵画は、過去の景観復原の資料として使用されることも多いが、作者が表現しようとした「風景」が描かれていることに注意したい。もちろん、そのことは芸術としての意義を高めるものであっても、決して低めるものではないが、強いバイアスがかかっていることは確かである。

表現のバイアスという点では、古地図にもそれは見られる。しかし古地図は、利用者に対して、空間を表現し説明しようという方向性を強く有する。さらに古地図は、一般に近代地図への道程の方向性を有している。この点では、表現が作者の心情や感性によって左右される絵画とは大きく異なる。

にもかかわらず、絵画には景観の一部や断面が生き生きと表現されていて、景観史の資料としても有効な場合がある。一例として、京都を表現した絵画資料を紹介しよう。

洛中洛外図屏風

「洛中洛外図」と総称される著名な屏風絵は、京都を描いたものであり、一六世紀から一七世紀以後のものが多い。なかでも国宝「上杉本洛中洛外図屏風」(米沢市上杉博物館蔵)はよく知られた六曲一双の屏風であり、詳細な描写と、多くの金雲を含む華やかな色彩が特徴である。一六世紀後半に狩野永徳《かのうえいとく》によって描かれたというのが有力な説であり、織田信長から上杉謙信に贈られたとの来歴も伝えられている。一部に異論もあるが、その頃に有力絵師によって描かれたというのは共通理解であろう。この、芸術家の手になるということが、一つの特性に結びつくことになる。

まず構図が、作者の製作意図と密接にかかわる。「上杉本洛中洛外図屏風」の右隻《うせき》には、南は泉涌寺《せんにゅうじ》付近あるいは東寺付近から、北は比叡山あるいは下御霊御旅所《しもごりょうおたびしょ》付近までが描かれているとされる。一方、左隻《させき》では、北は鞍馬・紫野《むらさきの》付近から、南は松尾・西芳寺・梅津付近までが描かれているとされる。しかしこれらは、屏風内の屋敷名の記載と、研究者による慎重な同定作業の結果から判明した事柄であり、表現からただちに導かれるものではない。

しかも一見、鳥瞰図のように見えるが、画家の表現意図が強く反映されていて、実際の景観とは大きく異なる。構図を際立たせているのは、効果的に配置された金雲である。これによって、不連続な景観に一体感が与えられているのは事実だが、それでもなお、縮尺や景観要素の配置から見るときわめて不自然な表現である。

さらに、描かれている景観要素がすべて同じ時期に存在したのかについても、個別に検討が必要である。

例えば、右隻左端の中央付近には「内裏様」が描かれ、左隻中央の下部付近には、「室町幕府、細川殿、細川典厩、三好長慶、松永久秀」などの屋敷が描かれているが、これらが同時に、それぞれの場所に、かつ描かれたような景観要素として存在したのかどうかは明確ではない。屋敷そのものの形状はもちろん、それぞれの位置もまた、別途に検討が必要であろう。しかし作者としては、これらの屋敷が当時の京都を物語る重要な構成要素であったという認識があり、それを表現することを意図したとみるべきであろう。

さらに詳細に見ると、例えば「内裏様」の施設群には、左近の桜（花なし）と右近の橘（実がつ

図 5-1 「上杉本洛中洛外図屛風」右隻の内裏

図 5-2 「上杉本洛中洛外図屛風」右隻の鴨川

いている)が描かれた紫《し》宸殿《しんでん》の前庭で雅楽を演じる「正月御せちへ(節会)のてい(体)」(正月・冬)が描かれている(図5-1)。また、内裏・室町幕府などの檜皮葺建物、寺院の伽藍などの瓦葺建物などに加え、板葺石置屋根の職人の家や商家も数多く描かれている。職人の作業の様子や商家の売買の状況も描かれている。

右隻右上近くの鴨川では、多くの人々が川の中に入って漁をしている様子が描かれ（図5-2）、さらに中央下部には、祇園会《ぎおんえ》の山鉾巡行も描かれている。つまり、この情景は夏である。それぞれの景観要素が同時に存在したかどうか不明であることに加えて、一年のうちのさまざまな季節の情景が同じ画面に描かれているのである。

しかも驚いたことに、屏風内に描かれている人物は、約二五〇〇人に及ぶという。画家の卓抜した力量によって、一六世紀後半頃の京都の情景が、総体として見事に、生き生きと表現され、伝えられていると言えよう。

端的に言えば、「洛中洛外図」が表現しているのは、特定の時点の京都の景観ではない。十分な考証を加えながら、景観史の一面を探る手がかりとするべきであろう。

『都名所図会』の挿画

もう一つ、京都にまつわる絵画資料を紹介しよう。

『都名所図会《みやこめいしょずえ》』は、江戸時代に観光案内書の嚆矢《こうし》となった書物である。安永九年（一七八〇）に秋里籬島《あきざとりとう》が執筆し、竹原春朝斎《たけはらしゅんちょうさい》が挿画を描いたもので、全六巻に及ぶ。「上杉本洛中洛外図屏風」からすれば、およそ二〇〇年のちの出版物である。「上杉本洛中洛外図屏風」が、芸術

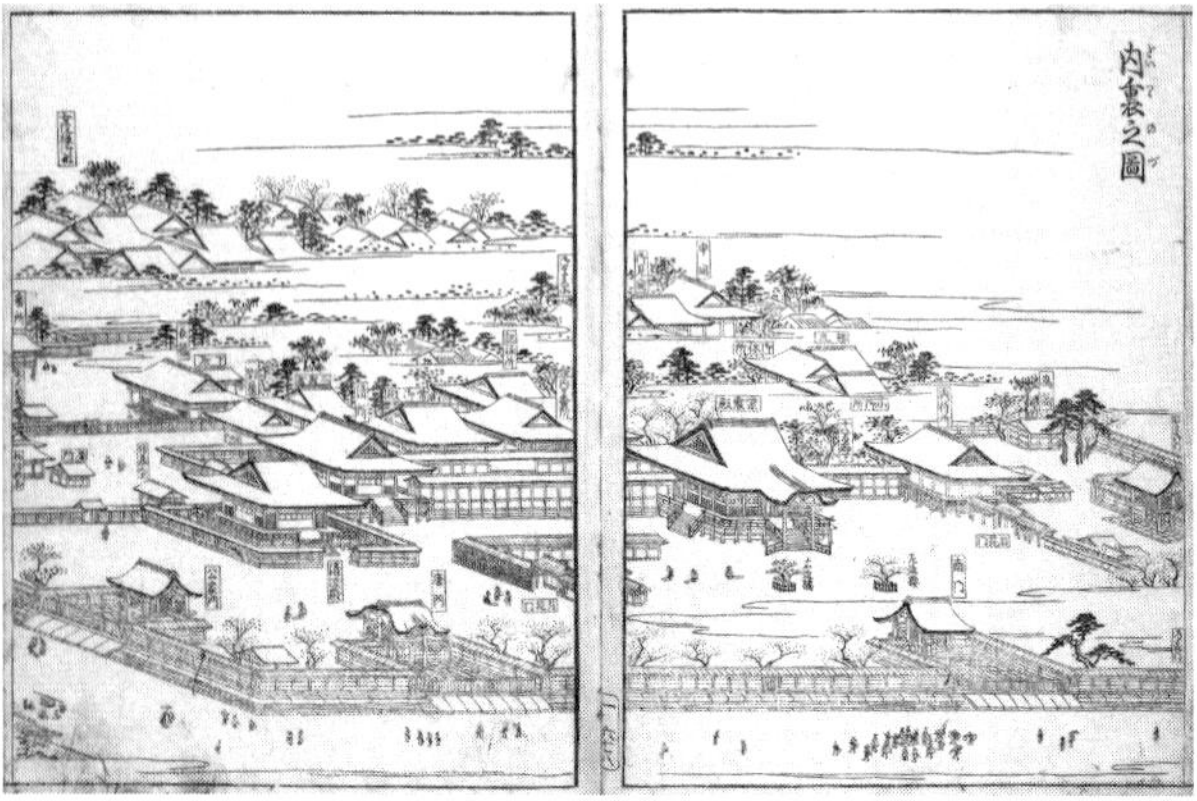

図 5-3　「内裏之図」（『都名所図会』より）

家の感覚にもとづく構図・表現であることはすでに述べた。これに対して『都名所図会』は、個々の名所を取り上げ紹介する様式となっており、挿画はそれら名所の様相を描いている。

巻之一の巻頭は「内裏之図」で、当時の内裏のほぼ全域が描かれている（図5-3）。人物も配置されているが、点のように小さい。「上杉本洛中洛外図屏風」の「内裏様」が、建物を大きく描き、人物も非常に大きく生き生きと描いていることと比べると、対照的である。ただし、「内裏之図」の表現のほうが実景に近いであろう。また、雲形を介して、左上方（紫宸殿の向きからすれば北西方）に「女院様御殿」を描いているが、当時の実際の場所（東南方）とは位置が異なっている。

『都名所図会』では、続く「上御霊社」はじめ、

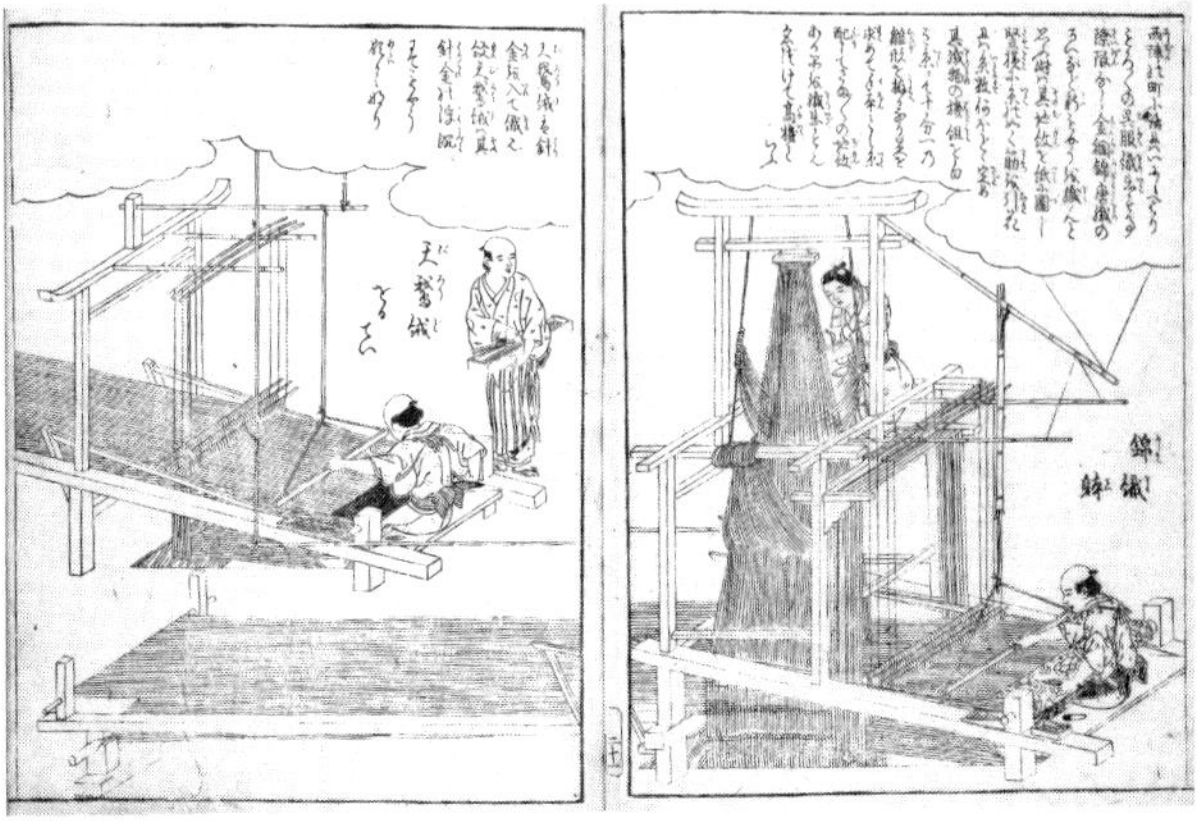

図 5-4　右「錦織躰」，左「天鵞絨をるてい」（『都名所図会』より）

多くの寺社の挿画表現がこれに類似する。「相国寺」においても、山門・仏殿の向きからすれば北方に「普光(広)院」などが描かれているが、実際には西方にある。要するに雲形の区切りは、空間構成を超越した表現と見られる。

『都名所図会』には、全く別のタイプの挿画もある。例えば同じ巻の「一条戻橋《いちじょうもどりはし》」は、堀川に架かる小さな橋と、その上を行き来する人々の情景を強調し、西陣の「錦織躰《てい》」と「天鵞絨《びろうど》をるてい」は、精緻な機と人物の挿画である（**図5-4**）。類似の人物描写は「祇園会」や「月見橋」など、随所に見られる。

『都名所図会』には、この二つのパターンの挿画が多く、それが特徴といってもよい。内裏や寺社の表現パターンには、景観要素の鳥瞰図的手法による詳細な表現と、位置や空間をほとんど無視した周囲の事象の表現が多く、このパターンには人物表現があっても点景でしかない。もう一つの、特定場所の情景を描いたパターンの場合には、景観要素よりも細部の状況や人物表現が前面に出ている場合が多く、より絵画的であるとも言えよう。個々の名所ないし関心の対象を、空間の中から切り取って挿画に仕立てるという手法であり、景観全体を表現するといった方向性はみられない。

以上のように、「洛中洛外図」の場合も『都名所図会』の場合も、いずれも作者の意図が強く前面に出た表現となっているが、作製意図の方向性は異なっていることがわかる。これらの絵画資料は、とりわけしっかりとした確認作業と考証を経たうえで、景観史の資料として利用するべきだろう。

あとがき

本書で取り上げたのは、説明のためわずかにオーストラリアの景観に言及したのを除くと、基本的に日本国内の景観である。また、一部には観光地も含まれているものの、ほとんどが特に著名ではないごく卑近な景観である。このようなアプローチを採った理由は、多くの読者にとって、なじみのない外国の景観よりも、国内の景観にそくして説明するほうがわかりやすいと考えたからである。身近なところから景観史を探る試みである。

ただ実は、筆者の景観史の視角は、オーストラリア歴史地理学の研究を進めるなかで醸成されたものである。そのことに少しふれさせていただきたい。

オーストラリアの景観、といえば何を思い浮かべるであろうか。一般的なのは、まず内陸のウルル(エアーズロック)や太平洋岸のグレートバリアリーフなどの雄大な自然であり、そこに生息するコアラやカンガルーといった特徴的な野生動物であろう。加えて、露天掘りの巨大な鉱山や広大な穀物農場、やはり広大な羊や肉牛の飼養ないし放牧地帯も、こうした自然景観の延長上にあると見られているであろう。

多くの人々は、これらに接することを期待してオーストラリアにやってくる（鉱山は観光客の目的ではないだろう）が、降り立ってまず、シドニーやメルボルンといった大都市に林立する超高層ビル群に目を見張ることになる。さらに一方では、一九世紀以来の町並みや緑豊かな公園を散策して、歴史の刻印の深さにやや意外な思いをすることにもなる。いずれも、「雄大な自然」とその延長上にあるものとは、違う印象であろう。

ところが、オーストラリアの景観に対するこのような二つの類型化には、重大な問題がある。というのも、一つめの類型、すなわち雄大な自然を基調とする（と思われている）景観は、第一章でもふれたようにアボリジニと呼ばれる先住民の生活世界であり、ヨーロッパ人による入植・開拓以前から存在したものだ。これに対し、同じく一つめの類型のうちの広大な農牧場と、二つめの類型である都市とは、いずれもヨーロッパ人入植者に由来する景観である。

農牧場も都市も、今日のオーストラリアを代表する典型的な文化景観であることは間違いない。しかし、長い時間にわたり雄大な自然と関わりつづけてきた人々と、新たにやって来て景観形成に関与した人々とのあいだの、土地に対する認識や対応の違いはあまりにも大きいと言わねばならない。つまりオーストラリアの景観は、本書で考えてきた景観史の視点からすれば、アボリジニの生活世界に密着した景観と、ヨーロッパ人入植者が形成した景観という、二類型からなっているといえるのである。

農牧場にせよ都市にせよ、その景観形成に関わったヨーロッパ人入植者たちは、自然環境に寄り添ったアボリジニの生活世界をほとんど無視し、白いキャンバスに絵を描くように、開拓計画を立案・実施した。当時のヨーロッパ人たちもまた、アボリジニの生活世界を、ほとんど自然景観としてしか理解していなかったのである。

筆者は昭和五五年(一九八〇)以来、オーストラリア各地で現地調査と資料調査を重ね、その実態を確認した。その研究がまとまった一九九八年、「景観史」という表現を初めて書名に用いたのであった(『オーストラリア景観史』)。

その後、本来の研究分野である日本の歴史地理学にもこの視角を採用した。本書はいわば、それを解説する試みである。景観史の入り口はいろいろなところにあるが、まず何といっても、現地を訪れ景観を眺めることが最も重要である。このため、筆者が撮影した写真を説明することから、景観史を記述する試みをしてみた。写真の素人には撮影自体が大変であったが、読者と一緒に現地を探訪し、考えてみるという趣向である。

地図を用いたほうが説明としては容易になる場合が多いのだが、本書では、必要な場合だけに限定した。私たちは、実際には地図を持たずに現地を訪れることも多いからである。可能な限り、誰でもその場所に立てば見ることのできる、現地での視点を軸にしてみた。もとより、発想や疑問を得たら、さまざまな資料で確認する必要があることは言うまでもない。複雑な事例を取り扱うことは避けざるを得なかったが、景観史の視角の発見や、一種の手引きとなればと願っている。

もう一点、ふれておきたいことがある。景観には自然の営力でできた自然景観と、人の営力が加わった文化景観とがあり、繰り返すまでもなく本書は文化景観を中心に述べてきた。ところがこれとは別に、「文化的景観」という用語がある。

文化的景観とは、「地域における人々の生活又は生業及び当該地域の風土により形成された景観地で我が国民の生活又は生業の理解のため欠くことのできないもの」(文化財保護法第二条第一項第五号)と規定されている。

日本は一九九二年にユネスコの世界遺産条約を批准し、世界自然遺産・世界文化遺産の登録を進め始めた。その後、ユネスコが世界文化遺産における文化的景観を重視する流れを受けて、日本でも法律の制定・改正に向けた検討が始まり、これには筆者も加わった。その結果、改正された文化財保護法が二〇〇四年に公布され(二〇〇五年施行)、文化的景観が文化財の種別に加えられて、右のように規定されたのである(拙著『文化的景観――生活となりわいの物語』日本経済新聞出版社、二〇一二年)。

要するに文化的景観とは、文化景観そのものであるが、生活・生業などの「理解のため欠くことのできないもの」である。言い換えると、文化財としての文化景観であり、現在までに六五の景観が「重要文化的景観」として選定されている。本書で取り上げたのは、こうした文化的景観ではなく(一部にはそれも含むが)、一般の文化景観であることをご了解いただきたい。

本書の試みは、岩波書店編集部杉田守康氏のアドバイスと支援によって、わかりやすい形の出版にこぎつけることができた。末尾ながらお礼申し上げる。

本書が、景観史という見方や考え方への、誘いとなることができれば幸いである。

二〇二〇年早春　京都　烏丸二条の書斎にて

金田章裕

参考文献

第一章　景観史へのいざない

萩原恭男校注『おくのほそ道』岩波文庫、一九七九年
『史跡　慈照寺(銀閣寺)旧境内保存整備事業報告書』慈照寺、一九八八年
金田章裕『古代日本の景観――方格プランの生態と認識』吉川弘文館、一九九三年
金田章裕『オーストラリア景観史――カントリータウンの盛衰』大明堂、一九九八年
江口孝夫全訳注『懐風藻』講談社学術文庫、二〇〇〇年
日本史研究会編『豊臣秀吉と京都――聚楽第・御土居と伏見城』文理閣、二〇〇一年
Kenneth Robert Olwig, *Landscape Nature and the Body Politic, From Britain's Renaissance to America's New World*, The University of Wisconsin Press, 2002
金田章裕『古代景観史の探究――宮都・国府・地割』吉川弘文館、二〇〇二年
国絵図研究会編『国絵図の世界』柏書房、二〇〇五年
金田章裕『文化的景観――生活となりわいの物語』日本経済新聞出版社、二〇一二年
金田章裕『古地図で見る京都――『延喜式』から近代地図まで』平凡社、二〇一六年
大久保純一「江戸時代絵画に描かれた鳴門海峡」『「鳴門の渦潮」世界遺産登録学術調査報告書――文化編』二〇一七年

第二章　古地図からよみとく景観史

樋口好古『尾張徇行記』文政五年(一八二二)、『名古屋叢書続編』四〜八所収
大蔵永常『綿圃要務』天保四年(一八三三)、『日本科学古典全書』一一所収
水田義一「近江国比良荘絵図について――その歴史地理学的考察」『織田武雄先生退官記念　人文地理学論叢』柳原書店、一九七一年
矢守一彦『都市図の歴史　日本編』講談社、一九七四年
西岡虎之助編『日本荘園絵図集成』上・下、東京堂出版、一九七六、一九七七年
林屋辰三郎・藤岡謙二郎編『宇治市史3　近世の歴史と景観』宇治市、一九七六年
藤井寺市史編さん委員会編『藤井寺市史第一〇巻　資料編八上』藤井寺市、一九九一年
金田章裕『微地形と中世村落』吉川弘文館、一九九三年
吉川真司「東大寺山堺四至図」金田章裕・石上英一・鎌田元一・栄原永遠男編『日本古代荘園図』東京大学出版会、一九九六年
金田章裕『古代荘園図と景観』東京大学出版会、一九九八年
金田章裕『古地図からみた古代日本――土地制度と景観』中公新書、一九九九年
恵那市教育委員会編『石積みの棚田(恵那市中野方町坂折地区水田現況調査報告書)』一九九九年
愛知県埋蔵文化財センター編『三ツ井遺跡』一九九九年
彦根市史編集委員会編『彦根　明治の古地図』三、彦根市、二〇〇三年
東京大学史料編纂所編『日本荘園絵図聚影　釈文編一　古代』東京大学出版会、二〇〇七年、『同　釈文編二　中世

一』二〇一六年
彦根市史編集委員会編『新修彦根市史第一〇巻 景観編』彦根市、二〇一一年
金田章裕・上杉和央『日本地図史』吉川弘文館、二〇一二年
金田章裕「条里と尾張・三河の条里遺構」愛知県史編さん委員会編『愛知県史 通史編1 原始・古代』愛知県、二〇一六年
金田章裕『江戸・明治の古地図からみた町と村』敬文舎、二〇一七年
金田章裕『古代国家の土地計画——条里プランを読み解く』吉川弘文館、二〇一八年

第三章 景観史の画期を演じた人々とその舞台

菊地利夫『新田開発』上・下、古今書院、一九五八年
井上修次「地割の進展」『地理学評論』三三-一二、一九六〇年
森秀太郎著、森巌編『懐旧録 十津川移民』新宿書房、一九八四年
小木新造編『江戸東京を読む』筑摩書房、一九九一年
金田章裕『古代日本の景観』(前掲)
金田章裕『古代荘園図と景観』(前掲)
足利健亮『地理から見た信長・秀吉・家康の戦略』創元社、二〇〇〇年
日本史研究会編『豊臣秀吉と京都』(前掲)
金田章裕編『平安京—京都 都市図と都市構造』京都大学学術出版会、二〇〇七年
金田章裕『大地へのまなざし——歴史地理学の散歩道』思文閣出版、二〇〇八年

山村亜希『中世都市の空間構造』吉川弘文館、二〇〇九年
奈良文化財研究所編『京都岡崎の文化的景観調査報告書』京都市、二〇一三年
金田章裕『タウンシップ――土地計画の伝播と変容』ナカニシヤ出版、二〇一五年
金田章裕『古地図で見る京都』(前掲)
金田章裕『古代国家の土地計画』(前掲)
新十津川町開拓記念館編『新十津川町の歩み』(刊行年不明)

第四章　景観からよみとく地域のなりたち

大石久敬『地方凡例録』寛政六年(一七九六)
堀部(秋山)日出男「大和環濠聚落の史的研究」『橿原考古学研究所紀要　考古学論攷』1、一九五一年
渡辺澄夫『増訂　畿内庄園の基礎構造――特に均等名庄園・摂関家大番領番頭制庄園等に関する実証的研究』上・下、吉川弘文館、一九六九―一九七〇年
金田章裕『条里と村落の歴史地理学研究』大明堂、一九八五年
宇治市歴史資料館編『宇治の歴史と文化』宇治市教育委員会、一九八八年
高岡市市制一〇〇年記念誌編集委員会編『たかおか――歴史との出会い』高岡市、一九九一年
金田章裕『微地形と中世村落』(前掲)
神埼町教育委員会編『姉川城跡(神埼町文化財調査報告書第五〇集)』一九九六年
滋賀県立大学濱崎研究室編『近江八幡市八幡伝統的建造物群保存地区見直し調査報告書』近江八幡市教育委員会、二〇〇四年

一関市博物館編『骨寺村荘園遺跡（岩手県一関市埋蔵文化財調査報告書第五集）』一関市教育委員会、二〇〇四年
金田章裕『江戸・明治の古地図からみた町と村』（前掲）
金田章裕編『二一世紀の砺波平野と黒部川扇状地』桂書房、二〇一九年

第五章　景観史の資料と考え方

金田章裕「奈良・平安期の村落形態について」『史林』五四―三、一九七一年
竹村俊則校注『新版　都名所図会』角川書店、一九七六年
金田章裕「条里プランと小字地名」『人文地理』三四―三、一九八二年
金田章裕『条里と村落の歴史地理学研究』（前掲）
金田章裕「国図の条里プランと荘園の条里プラン」『日本史研究』三三二、一九九〇年
金田章裕『古代日本の景観』（前掲）
金田章裕『古代荘園図と景観』（前掲）
金田章裕『古代景観史の探究』（前掲）
A. Kinda (ed.), *A Landscape History of Japan*, Kyoto University Press, 2010
小島道裕『洛中洛外図屏風――つくられた〈京都〉を読み解く』吉川弘文館、二〇一六年
金田章裕『古地図で見る京都』（前掲）
金田章裕『江戸・明治の古地図からみた町と村』（前掲）

図版出典一覧

図 1-1，図 2-18，図 5-3，図 5-4……国文学研究資料館画像データ

図 1-2，図 2-2，図 3-5〜図 3-11，図 3-13〜図 3-15，図 3-17，図 3-19，図 3-20，図 4-1〜図 4-3，図 4-5〜図 4-10，図 4-12〜図 4-17，図 4-19〜図 4-35……著者提供

図 2-1……藤井寺市史編さん委員会編『藤井寺市史第 10 巻 史料編 8 上』藤井寺市

図 2-3，図 2-8，図 2-9，図 3-2……東京大学史料編纂所編『日本荘園絵図聚影 一下 東日本二』東京大学出版会

図 2-5……東京大学史料編纂所編『日本荘園絵図聚影 釈文編一 古代』東京大学出版会

図 2-10……東京大学史料編纂所編『日本荘園絵図聚影 五上 西日本一』東京大学出版会

図 2-12〜図 2-14……宇治市歴史資料館編『宇治の古絵図 ― ふるさとの風景』

図 2-15……彦根市教育委員会編『特別史跡彦根城跡保存活用計画書』

図 2-16……彦根市史編集委員会編『彦根 明治の古地図』3，彦根市

図 2-17……愛知県史編さん委員会編『愛知県史 通史編 1 原始・古代』愛知県

図 2-19，図 2-20(一部修正)……恵那市教育委員会編『石積みの棚田(恵那市中野方町坂折地区水田現況調査報告書)』

図 3-1……金田章裕『古代日本の景観 ― 方格プランの生態と認識』吉川弘文館

図 3-3……金田章裕『古代荘園図と景観』東京大学出版会

図 3-4……東京大学史料編纂所編『日本荘園絵図聚影 一上 東日本一』東京大学出版会

図 3-12……『古板江戸図集成』第 2 巻，中央公論美術出版

図 3-18……金田章裕『タウンシップ ― 土地計画の伝播と変容』ナカニシヤ出版

図 4-11……一関市博物館提供

図 5-1，図 5-2……岡見正雄・佐竹昭広『標注 洛中洛外屏風 上杉本』岩波書店

作図：前田茂実(図 1-3)

金田章裕

1946年生まれ．京都大学名誉教授，博士(文学)
現在―京都府立京都学・歴彩館長，京都府公立大学法人理事長
専攻―人文地理学・歴史地理学
著書―『古代日本の景観』(吉川弘文館)
『古代荘園図と景観』(東京大学出版会)
『オーストラリア景観史』(大明堂)
『古代景観史の探究』(吉川弘文館)
A Landscape History of Japan (ed., Kyoto University Press)
『文化的景観』(日本経済新聞出版社)
『古代国家の土地計画』(吉川弘文館)
『景観史と歴史地理学』(編，吉川弘文館) ほか

景観からよむ日本の歴史　　岩波新書(新赤版)1838

2020年7月17日　第1刷発行

著　者　金田章裕《きんだあきひろ》

発行者　岡本　厚

発行所　株式会社 岩波書店
〒101-8002 東京都千代田区一ツ橋2-5-5
案内 03-5210-4000　営業部 03-5210-4111
https://www.iwanami.co.jp/

新書編集部 03-5210-4054
https://www.iwanami.co.jp/sin/

印刷・精興社　カバー・半七印刷　製本・中永製本

ISBN 978-4-00-431838-5　　Printed in Japan

岩波新書新赤版一〇〇〇点に際して

ひとつの時代が終わったと言われて久しい。だが、その先にいかなる時代を展望するのか、私たちはその輪郭すら描きえていない。二〇世紀から持ち越した課題の多くは、未だ解決の緒を見つけることのできないままであり、二一世紀が新たに招きよせた問題も少なくない。グローバル資本主義の浸透、憎悪の連鎖、暴力の応酬――世界は混沌として深い不安の只中にある。

現代社会においては変化が常態となり、速さと新しさに絶対的な価値が与えられた。消費社会の深化と情報技術の革命は、種々の境界を無くし、人々の生活やコミュニケーションの様式を根底から変容させてきた。ライフスタイルは多様化し、一面では個人の生き方をそれぞれが選びとる時代が始まっている。同時に、新たな格差が生まれ、様々な次元での亀裂や分断が深まっている。社会や歴史に対する意識が揺らぎ、普遍的な理念に対する根本的な懐疑や、現実を変えることへの無力感がひそかに根を張りつつある。そして生きることに誰もが困難を覚える時代が到来している。

しかし、日常生活のそれぞれの場で、自由と民主主義を獲得し実践することを通じて、私たち自身がそうした閉塞を乗り超え、希望の時代の幕開けを告げてゆくことは不可能ではあるまい。そのために、いま求められていること――それは、個と個の間で開かれた対話を積み重ねながら、人間らしく生きることの条件について一人ひとりが粘り強く思考することではないか。その営みの糧となるものが、教養に外ならないと私たちは考える。歴史とは何か、よく生きるとはいかなることか、世界そして人間はどこへ向かうべきなのか――こうした根源的な問いとの格闘が、文化と知の厚みを作り出し、個人と社会を支える基盤としての教養となった。まさにそのような教養への道案内こそ、岩波新書が創刊以来、追求してきたことである。

岩波新書は、日中戦争下の一九三八年一一月に赤版として創刊された。創刊の辞は、道義の精神に則らない日本の行動を憂慮し、批判的精神と良心的行動の欠如を戒めつつ、現代人の現代的教養を刊行の目的とする、と謳っている。以後、青版、黄版、新赤版と装いを改めながら、合計二五〇〇点余りを世に問うてきた。そして、いままた新赤版が一〇〇〇点を迎えたのを機に、人間の理性と良心への信頼を再確認し、それに裏打ちされた文化を培っていく決意を込めて、新しい装丁のもとに再出発したいと思う。一冊一冊から吹き出す新風が一人でも多くの読者の許に届くこと、そして希望ある時代への想像力を豊かにかき立てることを切に願う。

（二〇〇六年四月）

岩波新書より

- 天保の義民 — 松好貞夫
- 太平洋海戦史〔改訂版〕 — 高木惣吉
- 昭和史〔新版〕 — 遠山茂樹・今井清一・藤原彰
- 近衛文麿 — 岡義武
- 管野すが — 絲屋寿雄
- 山県有朋 — 岡義武
- 明治維新の舞台裏〔第二版〕 — 石井孝
- 革命思想の先駆者 — 家永三郎
- 福沢諭吉 — 小泉信三
- 吉田松陰 — 奈良本辰也
- 「おかげまいり」と「ええじゃないか」 — 藤谷俊雄
- 犯科帳 — 森永種夫
- 大岡越前守忠相 — 大石慎三郎
- 江戸時代 — 北島正元
- 大坂城 — 岡本良一
- 豊臣秀吉 — 鈴木良一
- 織田信長 — 鈴木良一
- 歌舞伎以前 — 林屋辰三郎

- 京都 — 林屋辰三郎
- 日本の歴史 中 — 井上清
- 天皇の祭祀 — 村上重良
- 沖縄のこころ — 大田昌秀
- ひとり暮しの戦後史 — 塩沢美代子・島田とみ子
- 伝説 — 柳田国男
- 岩波新書で「戦後」をよむ — 小森陽一・成田龍一・本田由紀
- 岩波新書の歴史 付・総目録 1938-2006 — 鹿野政直

シリーズ日本近世史

- 戦国乱世から太平の世へ — 藤井讓治
- 村 百姓たちの近世 — 水本邦彦
- 天下泰平の時代 — 高埜利彦
- 都市 江戸に生きる — 吉田伸之
- 幕末から維新へ — 藤田覚

シリーズ日本古代史

- 農耕社会の成立 — 石川日出志
- ヤマト王権 — 吉村武彦

- 飛鳥の都 — 吉川真司
- 平城京の時代 — 坂上康俊
- 平安京遷都 — 川尻秋生
- 摂関政治 — 古瀬奈津子

シリーズ日本近現代史

- 幕末・維新 — 井上勝生
- 民権と憲法 — 牧原憲夫
- 日清・日露戦争 — 原田敬一
- 大正デモクラシー — 成田龍一
- 満州事変から日中戦争へ — 加藤陽子
- アジア・太平洋戦争 — 吉田裕
- 占領と改革 — 雨宮昭一
- 高度成長 — 武田晴人
- ポスト戦後社会 — 吉見俊哉
- 日本の近現代史をどう見るか — 岩波新書編集部編

シリーズ日本中世史

- 中世社会のはじまり — 五味文彦
- 鎌倉幕府と朝廷 — 近藤成一